GUIDE PRATIQUE

POUR LA RÉDACTION

DES PROCÈS-VERBAUX

PROPRIÉTÉ DE L'AUTEUR.

Pour avoir l'ouvrage, envoyer un bon de 2 fr. sur la poste, dans une lettre affranchie, à M. E. CAZARET, cours de Tourny, nº 53, à Bordeaux.

Le prix de 6 exemplaires est de 9 fr. 25 c.

GUIDE PRATIQUE

POUR LA RÉDACTION

DES PROCÈS-VERBAUX

A L'USAGE

DES EMPLOYÉS DES CONTRIBUTIONS INDIRECTES,
DES DOUANES ET DES OCTROIS

Par E.-P. CAZARET

COMMIS DES CONTRIBUTIONS INDIRECTES A BORDEAUX.

PARIS

IMPRIMERIE ADMINISTRATIVE DE PAUL DUPONT

Rue de Grenelle-Saint-Honoré, 45.

1861

PARIS,

Imprimerie et Librairie administratives de Paul Dupont,
rue de Grenelle-Saint-Honoré, 45

AVERTISSEMENT.

Le caractère essentiellement pratique de cet ouvrage, l'ordre et les soins que j'ai apportés dans sa disposition et dans sa confection, l'importance des matières qu'il renferme sous un volume restreint, ce qui permet de l'avoir constamment sur soi, mon désintéressement en le livrant à un très-bas prix, son utilité incontestable, m'ont fait concevoir l'espérance qu'il recevrait un bon accueil de la part de MM. les employés du service actif; qu'un très-petit nombre, parmi eux, consentirait à en être privé.

Quelles que soient les ressources de leur intelligence, leur instruction administrative ou leur mémoire, il est peu d'employés, cela est facile à comprendre, qui se trouvant dans l'obligation de se livrer sur-le-champ, et sans avoir la liberté de réfléchir, à la rédaction d'un acte répressif, n'éprouvent le besoin, ne seraient bien aises, d'avoir sous la main un ouvrage, un guide, dans lequel ils puissent, sans aucune recherche, dans le temps tout au plus indispensable pour trouver un mot dans un dictionnaire, puiser les renseignements de toute nature, se procurer les modèles des actes à produire, selon les circonstances.

N'est-il pas du reste acquis que le sort des instances dépend, en général, de la bonne rédaction des procès-verbaux?

Je viens d'énoncer les motifs qui m'ont déterminé à publier ce livre, où je me suis surtout attaché à rendre clairs des points essentiels qui, n'ayant pas été jusqu'ici suffisamment expliqués dans des ouvrages de ce genre, sont chaque jour l'objet de doutes ou d'interprétations différentes.

J'ai divisé ce livre en trois parties : la première partie, sous le titre de « Dispositions diverses », comprend tout ce dont la connaissance m'a paru être utile aux employés, lorsqu'ils se livrent à la rédaction des procès-verbaux, à l'instant et sur les lieux mêmes où ils ont constaté les contraventions; la deuxième, les tableaux des contraventions prévues, dressés et annotés avec le plus grand soin; la troisième partie se compose de modèles de procès-verbaux et autres actes dont les formes échappent souvent à la mémoire.

Dans le but constant de me renfermer dans les limites les plus étroites, je me suis borné à donner une table sommaire. Ceci n'est pas un vice : les articles dont se composent la première et la troisième parties, servant presque toujours de renseignements ou de compléments à ceux de la deuxième, on sera amené d'une manière naturelle à en faire la lecture en temps utile par l'effet de nombreux renvois qui font passer successivement sous les yeux tout ce qui est relatif à une même question.

Pour prévenir les recherches et la perte de temps qui en résulterait, j'ai réuni sous un même numéro tout ce qui concerne une même question. Ainsi la signification de la copie du procès-verbal, l'affirmation, l'enregistrement, les visites à domicile chez les particuliers et chez les assujettis, etc., etc., objets dont les moindres détails sont de la plus grande utilité, s'offrent traités à fond (1) sous la main de MM. les employés aussitôt qu'ils peuvent en avoir besoin (2).

Je ne terminerai pas sans adresser à mes collègues qui ont bien voulu m'honorer de leur confiance en me faisant parvenir leurs souscriptions, la prière instante de me communiquer leurs observations sur les erreurs qui auraient pu se glisser dans l'ouvrage; je les accueillerais avec recon-

(1) Autant qu'il est nécessaire et que le comporte la nature de ouvrage.

(2) Voir l'observation placée à la suite de la table sommaire.

naissance, et je m'efforcerais, avec leur bienveillant concours, de le placer sur la bonne voie, dont un bon guide ne doit jamais s'écarter.

E. CAZARET.

PREMIÈRE PARTIE.

DISPOSITIONS DIVERSES.

PREMIÈRE PARTIE.

DISPOSITIONS DIVERSES.

I

1° Les procès-verbaux des employés des contributions indirectes font foi en justice jusqu'à inscription de faux. (Art. 26 du décret du 1er germinal an XIII.)

2° L'art. 84 de la loi du 5 ventôse an XII porte qu'ils doivent être signés au moins par deux employés, quel que soit le nombre des rédacteurs. Il convient, néanmoins, que tous les employés qui figurent sur un procès-verbal comme ayant concouru à la répression d'une même fraude, apposent leur signature au bas de cet acte.

3° Les employés de tout grade appartenant à l'administration des contributions indirectes, commissionnés et ayant prêté serment dans les formes prescrites, sont aptes à rapporter des procès-verbaux.

II

Enonciation des cas dont l'omission rend un procès-verbal nul (1).

1° La date du procès-verbal.

2° Les nom, qualités, demeure et élection de domicile du préposé chargé des poursuites.

3° Les noms, qualités et demeures des employés verbalisants.

« Rappeler, de plus, qu'ils étaient porteurs de leur « commission lors de la déclaration du procès-ver- « bal » (recommandé par l'administration).

(1) Si l'on voulait s'assurer qu'aucune des énonciations prescrites à peine de nullité n'a été omise dans un procès-verbal il faudrait le rapprocher de ce tableau.

4° Heure et cause de la saisie; exposé des faits qui ont donné lieu à la rédaction du procès-verbal.

5° Déclaration de saisie ou de procès-verbal.

6° Espèce, poids ou mesure des objets saisis.

7° Présence du prévenu à leur description, ou sommation qui lui aura été faite d'y assister.

8° Offre de mainlevée sous caution ou consignation de la valeur des moyens de transport dont la saisie n'est autorisée que pour garantie de l'amende.

9° Les noms et qualités des gardiens, lorsqu'il n'a pas été donné mainlevée de la saisie.

10° Évaluation des objets saisis, laissés à la charge et garde du prévenu ou remis sous caution.

11° Lieu et heure de la rédaction du procès-verbal, et sommation faite au prévenu d'y assister, ainsi que sa réponse.

12° Lecture donnée au prévenu lorsqu'il est présent à la rédaction.

« Sommation qui lui est faite de signer le procès-« verbal, et sa réponse » (ce dernier cas n'est point imposé à peine de nullité).

13° La remise de la copie du procès-verbal, dans le cas ci-dessus, et en cas d'absence, réserve de notifier cette copie dans les formes et délai voulus par la loi.

« La copie ne saurait être remise au prévenu qu'a-
« près la clôture du procès-verbal ; il est de rigueur,
« cependant, que cette énonciation figure avant la
« clôture, pour qu'elle soit renfermée dans le pro-
« cès-verbal, et qu'il ne soit point possible d'éta-
« tablir la supposition qu'elle a été faite après
« coup » (1).

14° Enfin, l'heure de la clôture.

« L'ordre dans lequel les formalités prescrites à
« peine de nullité est établi ci-dessus doit être
« observé dans la rédaction avec le plus grand soin.

III

Le protocole des procès-verbaux est formulé ainsi qu'il suit : L'an mil huit cent cinquante-sept, le..... mai, à...... heures du......, à la requête du direcrecteur général des douanes et des contributions in-

(1) Cette remarque est applicable à la lecture du procès-verbal.

directes, dont le bureau central est à Paris, rue de Rivoli, hôtel du ministère des finances, poursuites et diligences de M......, directeur à......, département......, demeurant à......, rue......, n°.... ., lequel élit domicile chez M......, receveur principal des contributions indirectes, demeurant à......, rue......, n°......, Nous, soussignés, etc.

Cette formule est suivie dans toutes les circonscriptions de recette principale, y compris la recette principale du chef-lieu de la direction; elle est employée non-seulement pour les procès-verbaux, pour les assignations, mais encore pour les contraintes, et généralement pour tous les actes qu'il y a lieu de notifier au nom de l'administration. (Circ. 310, du 1er août 1855.)

IV

1° Après l'accomplissement des formalités auxquelles les procès-verbaux sont soumis, ces actes doivent sans retard être envoyés ou déposés direcrectement à la recette principale.

2° Il y a lieu de joindre à l'original une copie su papier libre; deux copies sont nécessaires lorsqu ces actes constatent, soit des contraventions à un législation autre que celle des contributions indirec tes, soit des contraventions communes à la législa- tion des contributions indirectes et à une autre lé- gislation. (Douanes, timbres de lettres de voitures postes, octrois, police, débits clandestins de bois- sons, grande voirie, roulage et messageries publi- ques, chasse, etc. (Circ. 310 précitée.)

V

1° La précision et la clarté sont les principale vertus du style des procès-verbaux; l'écriture doi en être lisible. Les dates portées en toutes lettre sur l'original doivent l'être aussi sur les copies re- mises à la recette principale, en conformité de la Circ. 310 susrelatée, attendu que, sans cete pré- caution, il serait impossible, avec la copie, de se rendre compte si l'original est régulier sous ce rap- port.

2° Les actes de notification et d'affirmation doivent figurer transcrits en entier et dans le même ordre sur la copie que sur l'original. Il en est de même de la relation de l'enregistrement.

VI

1° Le tableau suivant, extrait de la Circulaire n° 310, du 1er août 1855, indique par qui les rapports sommaires doivent être rédigés, par qui les procès-verbaux doivent être remis à la recette principale.

DÉSIGNATION DES AGENTS QUI ONT RÉDIGÉ LES PROCÈS-VERBAUX.	PAR QUI LES PROCÈS-VERBAUX DOIVENT ÊTRE RÉDIGÉS.	PAR QUI LES RAPPORTS SOMMAIRES DOIVENT ÊTRE RÉDIGÉS.
COMMIS PLACÉS SOUS LES ORDRES d'un contrôleur ou d'un commis principal de 1re classe.	Le contrôleur ou le commis principal.	Le contrôleur ou le commis principal lors même qu'il n'a pas participé à la rédaction.
COMMIS PLACÉS SOUS LES ORDRES d'un receveur ambulant.	Le receveur ambulant.	Le principal employé verbalisant.
COMMIS PLACÉS SOUS LES ORDRES d'un receveur particulier entreposeur.	Le receveur particulier.	
COMMIS PLACÉS SOUS LES ORDRES d'un receveur particulier sédentaire.	Le receveur particulier.	Le receveur déclare s'il approuve complétement le rapport, ou bien il ajoute les observations que personnellement il veut faire.
Commis principal de 2e classe et Commis à la résidence du receveur principal.	Le commis principal de 2e classe ou le commis chef de poste.	
Employés d'une recette ambulante.	Le receveur.	Le receveur.
Employés spéciaux de navigation.	Le receveur.	Le receveur.
Employés de la garantie	Le contrôleur.	Le contrôleur.
Préposés d'octroi.	Le préposé en chef ou le préposé principal.	Le préposé en chef ou le préposé principal.

2° Lorsque des inspecteurs, des sous-inspecteurs, concourent personnellement à la constatation des faits, ils doivent participer à la rédaction des procès-verbaux et signer ces actes. Alors le rapport sommaire est encore fait par les agents dénommés au cadre qui précède, mais ce rapport est soumis au visa de l'inspecteur ou du sous-inspecteur signataire du procès-verbal.

VII

1° Les procès-verbaux doivent, autant que possible, être rédigés à l'instant et sur le lieu même où la contravention a été constatée ; si cependant la rédaction est remise au lendemain, l'acte doit porter qu'elle a été renvoyée à cejourd'hui, et non à demain ; la raison en est que *cejourd'hui* se rapporte à la date du procès-verbal et que *à demain* signifierait le jour après cette date, ce qui pourrait entraîner la nullité, dans ce sens que le contrevenant n'aurait été sommé d'assister à la rédaction que le lendemain du jour où elle aurait eu lieu réellement (1).

(1) C'est une question de logique.

2° Le procès-verbal doit mentionner les causes qui ont donné lieu au renvoi de la rédaction, qui ne peut être différée au delà de 24 heures.

VIII

Il faut, autant que possible, consigner les prénoms des contrevenants dans les procès-verbaux. Cette recommandation a pour but de prévenir des conséquences fâcheuses qui, dans certains cas, pourraient se produire et entraîner, sinon la nullité des actes, du moins entraver l'action des poursuites.

IX

1° On ne doit citer que les articles de lois directement applicables aux cas pour lesquels on verbalise. Il n'est point nécessaire de faire mention de ceux qui établissent les peines encourues.

2° Un procès-verbal est valide, bien que les articles qui régissent le mode de contravention constatée ne soient pas cités sans erreur ou omission ;

ais il importe, à plusieurs titres, que rien ne soit égligé ou omis pour la perfection de l'acte.

X

Lorsque la saisie porte sur des objets prohibés, ls que tabacs de fraude, cartes non timbrées, archandises d'orfévrerie dépourvues de poinçons, les poudres, on ne peut, sous aucun prétexte, accorder la mainlevée. (Instruction n° 27.)

XI

1° Les moyens de transport, dont la saisie a lieu our garantie de l'amende seulement, doivent être stimés à part et ne jamais être confondus avec la aleur des objets en contravention.

2° L'offre de mainlevée des moyens de transport st de rigueur lorsqu'ils ne sont saisis que pour sûeté de l'amende. (Art. 23 du décret du 1er germinal XIII).

3° On doit toujours offrir la mainlevée des moyens e transport ; mais il faut faire distinction du cas où la loi prononce la confiscation d'avec celui où la saisie n'a lieu que pour garantie de l'amende.

Dans le premier cas, lorsque la loi prononce la confiscation, on doit exiger la consignation ou le cautionnement de la valeur totale des moyens de transport.

Dans le second cas, lorsque la saisie des moyens de transport n'a lieu que pour garantie de l'amende, la consignation ou le cautionnement ne doit jamais s'élever au-dessus du maximum de l'amende encourue, même lorsque lesdits moyens de transport sont d'une valeur supérieure ; lorsque, au contraire, ils sont d'une valeur inférieure, ce n'est que de cette valeur que l'on peut exiger le cautionnement ou la consignation.

4° La loi du 28 avril 1816 a abrogé l'article 23, ci-dessus, du 1er germinal an XIII, en ce qui con- concerne les boissons.

En matière de boissons, l'offre de mainlevée des moyens de transport ne doit être faite que sous la condition expresse de cautionner ou de consigner le maximum de l'amende ou des amendes encourues, lors même que la valeur desdits moyens serait inférieure à ce maximum. (Arrêts des 19 août 1836 et 19 mai 1837, M. 14, p. 704, § 10.)

5° Lorsque le contrevenant est reconnu solvable, la mainlevée doit lui être accordée sur son propre cautionnement, sans consignation.

6° Le défaut d'offre de mainlevée des moyens de transport n'est une nullité que lorsqu'ils sont saisis pour garantie de l'amende.

7° La confiscation des moyens de transport est prescrite pour différentes fraudes ou contraventions en matières de sels, de tabacs et de poudres. Il n'y a que ces deux objets (tabacs et poudres) qui, dans certains cas, peuvent être considérés comme des objets dont la consommation est défendue et pour lesquels le défaut d'offre de mainlevée des moyens de transport n'est pas une nullité, si, de plus, d'après le sens rigoureux de l'art. 23 du décret du 1er germinal, il y a importation; mais les employés de la régie n'ont que bien rarement l'occasion de saisir pour ce motif, et, encore, leurs procès-verbaux rentrent dans le domaine des douanes.

8° L'article 23 du décret du 1er germinal an XIII, qui prescrit d'offrir mainlevée, sous caution solvable, des moyens de transport, est inapplicable au cas où il s'agit de l'arrestation d'un colporteur; c'est, d'ailleurs, au prévenu lui-même à faire l'offre d'une caution. (Arr. 30 nov. 1827.)

XII

1° Les moyens de transport ne sont saisissables qu'autant qu'ils sont un instrument direct de la fraude, employé par celui même qui s'y livre; dès lors, les voitures publiques, étant particulièrement destinées au transport des voyageurs, ne doivent point être considérées comme moyens de transport saisissables, s'il arrive que ceux-ci, les voyageurs, se livrent à la fraude sous vêtements. Pour que le conducteur, dans un tel cas, pût être responsable de la contravention commise, il faudrait pouvoir prouver qu'il s'était sciemment prêté à la fraude.

Le conducteur n'exerce, en effet, aucune surveillance sur les voyageurs et n'a pas le droit de les questionner ni d'opérer aucune visite sur leurs personnes (*S. et Olibo,* page 67).

2° La confiscation des chevaux et voitures servant

au transport d'objets prohibés doit être prononcée sur les entrepreneurs de messageries royales comme sur tous autres entrepreneurs ou voituriers. (Arr. du 26 avril 1828. M. 13, 103, 706, § 1.)

XIII

1° Un procès-verbal doit, à peine de nullité, énoncer les nom et qualités du gardien des objets saisis. (Art. 20, décret du 1er germinal an XIII).

2° Dans les cas ordinaires, le dépôt est fait dans le procès-verbal même; mais on doit faire un acte de transport distinct (modèle, page 243), dans le cas de saisie à domicile, lorsque les objets saisis ne peuvent être laissés à la charge du contrevenant, soit parce qu'ils sont prohibés, soit par insolvabilité ou pour toute autre cause, et, aussi, lorsque le procès-verbal est rédigé sur le lieu même de la saisie; toutefois, la description et la pesée des objets en contravention doivent avoir été faites dans le procès-verbal et le prévenu doit avoir été informé du lieu du dépôt, du nom et de la qualité du gardien, et avoir été sommé d'être présent.

3° Aucune loi n'exige la signature du gardien de objets saisis, mais il importe, dans l'intérêt mêm des employés, de lui faire signer, soit le procès-ve bal, soit l'acte de dépôt, suivant le cas.

4° Les employés verbalisants eux-mêmes peuve se constituer dépositaires ou gardiens des objets sa sis (Arr. du 22 avril 1808); mais ils doivent expli quer dans l'acte pourquoi le dépôt n'a pas été fait e d'autres mains.

5° Il n'est pas indispensable de délivrer copie d procès-verbal au gardien des objets saisis, pas plu qu'à la caution.

6° On ne doit jamais omettre de faire signer l caution (1).

XIV

L'évaluation des objets saisis n'étant pas prescrit par le décret du 1er germinal, son omission n'en- traîne pas la nullité du procès-verbal, mais elle es

(1) Le défaut de signature de la caution n'est pas une nullité mais il est indispensable d'avoir sa signature pour qu'elle se trouve liée, en cas de poursuites.

indispensable pour obtenir la condamnation du prévenu ou de la caution au payement de la valeur des objets dont la confiscation est prononcée.

XV

Toutes ratures, toutes surcharges sur le procès-verbal et les actes qui en sont la suite doivent être approuvées par les rédacteurs ; les renvois sont parafés.

L'administration recommande d'approuver les renvois, à la fin des procès-verbaux, pour qu'on ne puisse point supposer qu'ils ont été faits après coup.

XVI

1° Quand le prévenu assiste à la rédaction, le procès-verbal doit énoncer qu'il lui en a été donné lecture et copie.

S'il s'est présenté, mais qu'il n'ait pas attendu la fin, cette conduite implique de sa part le refus de recevoir copie (*Annales* 1035, p. 703), et l'on est naturellement dispensé de lui en faire une significa-tion postérieure.

Il vaut mieux cependant, tout en rendant compt de cette circonstance, rappeler, si on la connaît, l cause qui l'a déterminé à agir ainsi, puis le consi dérer comme absent et établir la réserve de lui no tifier copie du procès-verbal dans les formes et déla prescrits par la loi : ce qui doit toujours être fait e cas d'absence du prévenu. Dans ce même cas, et si surtout, le contrevenant a son domicile dans un lie où les employés puissent se transporter sans incon vénient ou perte de temps, la copie doit lui êtr notifiée, soit à domicile, où elle est valablemen remise en parlant à sa femme, ou en tout autre lie où il peut être rencontré, en parlant à sa personne

2° On n'use de la faculté d'afficher la copie d procès-verbal à la porte de la maison commune qu'au tant que le domicile du contrevenant est éloigné o inconnu, ou que la sûreté des employés serait expo sée à quelque danger.

3° Lorsque plusieurs prévenus sont présents à l rédaction d'un procès-verbal, une seule lecture suf-fit, mais il faut leur en délivrer une copie séparée à chacun. Si tous les prévenus ne s'étaient point présentés, on devrait faire à chacun des absents en particulier une notification de copie, soit à domicile, soit en tout lieu public, ou bien afficher, pour tous les absents, une seule copie à la porte de la mairie.

4° La copie doit être une reproduction exacte de l'original, à peine de nullité, et signée de deux employés au moins. (Arr. des 6 novembre 1820 et 6 mai 1830.)

5° Un cabaretier est censé avoir son domicile dans le lieu où il vend ses boissons; la signification d'un procès-verbal faite en ce lieu est valable, alors même qu'elle est faite à un domestique, et que le maître, son ménage et sa famille sont dans une autre maison. (*Annales de* 1835, p. 236.)

6° L'acte de signification est le premier placé à la suite du procès-verbal.

8° Le délai pour la notification sur la voie publique, à domicile, ou pour l'affiche à la porte de la mairie, est de 24 heures, à partir de celle de la clôture du procès-verbal.

8° Cette notification ne peut être faite que par des

employés du procès-verbal; deux employés suffisent, quel que soit le nombre des verbalisants.

9° L'acte de signification doit porter, à peine de nullité de procès-verbal, que copie a été remise ou affichée, selon le cas. Il doit être signé au moins par deux employés

10° C'est à la porte de la maison commune du lieu où la contravention a été constatée que la copie du procès-verbal doit être affichée, à peine de nullité. (V. modèle, p. 156.)

XVII

1° Vient ensuite l'affirmation dont le délai est de 3 jours pour les procès-verbaux en matière de contributions indirectes, et de 24 heures pour ceux rédigés à la requête de l'octroi. Ces délais courent de l'heure de la clôture des procès-verbaux.

2° Une seule affirmation suffit pour les procès-verbaux rédigés simultanément à la requête des contributions directes et d'un octroi; mais, en ce cas, elle doit avoir lieu dans les 24 heures.

3° Dans les villes où il y a plusieurs juges de paix,

l'affirmation est faite devant celui de ces magistrats dans le ressort duquel la contravention a été constatée, s'il s'agit d'un procès-verbal rapporté pour infraction aux lois sur les contributions indirectes,

4° Les procès-verbaux en matière d'octroi sont affirmés, à peine de nullité, devant le juge de paix de l'arrondissement où siége l'administration municipalet.

5° Une contravention commune au règlement de l'octroi et aux lois sur les contributions indirectes, constatée dans une circonscription de justice de paix autre que celle où siége l'administration municipale, donne lieu à deux affirmations, à deux actes distincts : la première, faite dans les 24 heures devant le juge de paix désigné pour l'octroi, a pour but de valider le procès-verbal en ce qui concerne les intérêts de cette administration ; la deuxième, dans les trois jours de la clôture du procès-verbal, devant le juge de paix dans l'arrondissement duquel la contravention a été constatée, est relative aux contributions indirectes.

6° L'acte d'affirmation doit porter qu'il a été donné lecture du procès-verbal aux affirmants par le juge de paix. Cette disposition est prescrite, à peine de nullité, pour les procès-verbaux en matière de contributions indirectes. (Art. 25 du décret du 1er germinal.)

7° Cet acte doit être aussi revêtu de la signature des employés affirmants. (Arr. du 1er avril 1830.)

8° L'affirmation faite devant un suppléant de juge de paix est valable.

9° Si le juge de paix et son suppléant sont absents pendant le délai fixé pour l'affirmation, les employés doivent dresser procès-verbal de cette absence et la faire constater par le maire ou l'adjoint, puis faire l'affirmation devant le juge de paix le plus voisin du même arrondissement. (M. 1, 358.)

10° Quand l'affirmation d'un procès-verbal a lieu le dernier jour du délai, l'acte doit énoncer l'heure où cette formalité a été remplie ; ce soin est nécessaire pour éviter toute incertitude sur l'exécution en temps opportun de cette disposition de la loi.

11° Un seul acte d'affirmation suffit pour les procès-verbaux qui ont été dressés en plusieurs séances ou vacations. (Arr. du 11 octobre 1827, M. 13, 310, 706, § 1.)

12° Quel que soit le nombre des employés verbalisants figurant sur un procès-verbal, l'affirmation faite par deux seulement est valable pour les contributions indirectes. (Art. 25 du décret du 1er germinal.)

13° En matière d'octroi, l'affirmation faite par un seul préposé est aussi valable, bien que plusieurs figurent comme rédacteurs du même procès-verbal.

14° Les procès-verbaux des employés (en matière d'octroi) constatant la fraude seront affirmés devant le juge de paix (celui dans l'arrondissement duquel siége l'administration municipale) dans les 24 heures de leur date, sous peine de nullité, et ils feront foi en justice jusqu'à inscription de faux. (Art. 8 de la loi du 25 frimaire an VIII.)

15° Un procès-verbal en matière d'octroi, lorsqu'il a été affirmé dans la forme et le délai fixés par l'art. 8 de la loi du 27 germinal an VIII, est parfaitement régulier ; comme tel, il doit avoir foi pleine et entière jusqu'à inscription de faux ; aucune preuve orale ne peut être admise contre son contenu. (Arr. du 9 juin 1808.)

16° Ainsi, l'affirmation est la seule formalité prescrite, à peine de nullité, pour les procès-verba en matière d'octroi.

La loi spéciale ne porte point que le juge de pa soit tenu de donner lecture du procès-verbal a affirmants, et cette loi n'a pu être modifiée par décret organique du 1er germinal, bien qu'elle l soit antérieure, par la raison que les prescriptio de ce décret (1) ne s'appliquent qu'aux procès-ve baux en matière de contributions indirectes. L employés affirmants ne sont pas, non plus, soum à l'obligation de signer avec le juge de paix (2).

Il convient néanmoins, pour éviter tout obstacl de se conformer à ce qui est prescrit pour les contr butions indirectes.

17° Les procès-verbaux en matière d'enregistre ment ne sont point soumis à l'affirmation. (Arr. d 26 juin 1820.)

18° Ceux pour saisie de gibier en temps prohib seront affirmés devant le juge de paix ou l'un de se suppléants, ou devant le maire ou l'adjoint de l commune, dans les 24 heures de la constatation du

(1) Art. 25.

(2) Voir au surplus l'arrêt précité. (M. 5, p. 40.)

délit, et non de la clôture du procès-verbal. (Art. 24, loi du 3 mai 1844.)

19° Les procès-verbaux rédigés pour excédant de voyageurs, en vertu de la loi du 30 mai 1851, ou pour toutes autres contraventions à la même loi, doivent être affirmés dans les trois jours, à peine de nullité, devant le juge de paix du canton ou devant le maire de la commune, soit du domicile de l'agent qui a verbalisé, soit du lieu où la contravention a été commise et constatée. (Art. 18, loi du 30 mai 1851. — V. Modèle, p. 157.)

XVIII

1° Le délai pour l'enregistrement est de 4 jours à partir de celui de la date des procès-verbaux. Si le 4e jour est un dimanche ou une fête légale, il ne fait point compte dans ce délai. On peut présenter à l'enregistrement le lendemain.

2° Les procès-verbaux pour excédants de voyageurs, rédigés en vertu de la loi du 30 mai 1851, doivent, d'après l'art. 19 de cette loi, être enregistrés en débet, dans les 5 jours de leur date ou de leur affirmation, à peine de nullité.

3° Ceux pour injures contre les employés et pour transport de gibier en temps prohibé sont aussi enregistrés en débet, sans modification du délai.

XIX

Les procès-verbaux, affiches, significations de copies et affirmations peuvent être faits tous les jours indistinctement.

XX

Lorsqu'un procès-verbal ne peut être clos le jour même où il a été commencé, ou dans une seule séance, cas fort rare, il doit énoncer les motifs qui ont fait suspendre ou qui ont prolongé l'opération ; la partie rédigée le premier jour ou dans la première vacation doit être close et signée des employés et des prévenus, s'ils sont présents, ou faire mention de leur refus ; cette partie doit aussi indiquer l'heure et le lieu où la rédaction sera reprise, et exprimer que les prévenus ont été sommés de s'y trouver, et ainsi toutes les fois qu'il y aura interruption. (Arr. du 11 octobre 1827, M. 12, 310, 706, § 1.) (1).

XXI

Les formalités prescrites pour la validité des procès-verbaux ne peuvent être exigées des employés dans le cas où la résistance des contrevenants a été un obstacle à leur accomplissement; dès lors, les formalités omises par le fait des prévenus ne peuvent empêcher que le procès-verbal ne doive avoir foi en justice jusqu'à inscription de faux. (Arr. du 7 avril 1808 et 8 mars 1821.)

XXII

Un employé de la régie peut verbaliser seul en matière d'octroi. La seule formalité à remplir dans ce cas, c'est l'affimation dans les 24 heures. (Arr. du 6 décembre 1821, M. 10, 348, § 2.)

(1) A chaque vacation il doit être donné copie du procès-verbal au prévenu. (Arr. du 11 octobre 1827.)

XXIII

Tous commis à la perception des octrois des villes, ayant serment en justice, sont autorisés à rendre leurs procès-verbaux de la fraude qu'ils découvrent contre les contributions indirectes, et, de même, les commis de la régie pour les fraudes qu'ils découvrent contre les octrois. (Article 53 du décret du 1er germinal.)

XXIV

D'après l'art. 53 ci-dessus, les employés d'octroi commissionnés et assermentés ont qualité pour verbaliser en matière de contributions indirectes; mais ils sont tenus de se conformer strictement aux règles imposées pour la régularité des procès-verbaux rapportés dans l'intérêt de cette administration.

XXV

Les préposés d'octroi sont sans qualité pour exercer leurs fonctions hors du territoire de la commune pour laquelle ils ont été commissionnés, et lors même qu'ils agiraient au nom et dans l'intérêt de l'administration des contributions indirectes. (Arrêt du 4 juin 1841, M. 16, 666.)

XXVI

En matière de tabacs et de poudres, les préposés d'octroi peuvent verbaliser selon les règles qui leur sont propres. (Art. 1er, loi du 20 septembre 1815.)

XXVII

1° Lorsque les contrevenants prennent la fuite au moment de la découverte de la fraude, abandonnant les objets qui donnent lieu au procès-verbal, cet acte doit énoncer qu'il leur en a été déclaré saisie à haute voix ;

2° Il suffit, pour la validité d'un procès-verbal, que la saisie d'un objet en contravention ait été déclarée, quoique la saisie réelle de cet objet n'ait pu être effectuée par la résistance des contrevenants (Arr. du 12 février 1807, M. 1, 263.)

« C'est un cas de saisie fictive. »

XXVIII

Le moyen d'assurer l'identité des objets saisis mis en dépôt, ou lorsqu'il y a contestation sur l'espèce ou la qualité desdits objets, c'est de les renfermer, selon leur nature, soit dans des enveloppes ficelées et cachetées par les saisissants, soit dans des bouteilles ou flacons d'une capacité en rapport avec la quantité nécessaire aux opérations qui, par la suite, pourront être faites, et sur lesquels enveloppes, bouteilles ou flacons, les saisissants apposent leur cachet, dont ils rapportent l'empreinte en marge des procès-verbaux, ainsi que celle du prévenu, s'il consent à l'y apposer; s'il refuse, après avoir été sommé de le faire, la sommation et le refus doivent être constatés.

XXIX

1° Un procès-verbal qui énonce que des spiritueux sont à tel degré, sans que les employés aient fait connaître à l'aide de quels moyens ils sont parvenus à constater ce degré, remplit suffisamment le vœu de la loi, alors surtout qu'aucune observation n'a été faite au sujet de cette constatation. (Arrêt du 2 septembre 1843, M. 16, 435.)

2° La levée d'échantillons et la mention faite dans un procès-verbal que le degré des spiritueux a été apprécié par l'emploi de l'alcoolomètre et du thermomètre centigrade, sont des moyens de garantie dont les employés ne devraient jamais négliger de faire usage.

XXX

1° Le déplacement des boissons de l'intérieur de maison de l'expéditeur à l'extérieur doit être considéré comme l'enlèvement, et ne peut avoir lieu avant que la déclaration ait été faite et que les expéditions aient été prises. Ainsi, les boissons que l'on charge sur une voiture stationnée à la porte de l'expéditeur, sur la voie publique, sont saisissables à défaut de représentation de l'expédition. (Arrêt du 19 juillet 1821.) — Mais le déplacement des boissons de l'intérieur de la maison à l'extérieur, et le chargement sur la voie publique, ne doivent pas être considérés comme l'enlèvement et ne donnent pas lieu à la saisie pour défaut d'expédition, s'il est vrai que la vente de la boisson n'était pas consommée, que le vendeur s'opposait à l'enlèvement, et si de ces circonstances il est résulté qu'au moment de la demande de l'expédition, par les employés, il n'y avait encore ni expéditeur, ni acheteur, ni conducteur qui eût pu avoir fait la déclaration voulue par la loi. (Arr. du 12 juin 1823, M. 9, 66.)

2° Les employés doivent s'attacher à attendre, si la nature du chargement le permet, qu'un mouvement extérieur se produise, que le transport reçoive un commencement d'exécution, avant de se présenter pour faire leurs vérifications. Cette conduite, loin de compromettre les intérêts que les employés ont mission de sauvegarder, le véritable caractère de la fraude étant dans le transport sans expédition, a l'avantage de ne point rencontrer des difficultés du genre de celles qui ont donné lieu à l'arrêt précité du 12 juin 1823.

3° Le but de la surveillance, c'est la répression de la fraude. Ce but ne peut être atteint qu'autant que les agents du service apportent le plus grand soin à rendre des procès-verbaux qui établissent d'une manière claire et précise les faits sur lesquels reposent les infractions aux lois de l'impôt.

4° Le transport est réputé achevé lorsque la voiture a cessé de rouler par suite de destination; à plus forte raison lorsque les boissons sont déchargées devant la maison du destinataire.

5° Aucune loi n'oblige les débitants, propriétaires ou autres, à enfermer les boissons par eux reçues, dans le lieu de leur destination, dans le délai porté par l'expédition. (Jugement du trib. corr. de Bordeaux, resté sans appel, 27 avril 1841.)

XXXI

Lorsque des boissons circulent sans expédition ou avec des expéditions inapplicables, c'est toujours contre le porteur ou le conducteur qu'il faut verbaliser, et s'il arrive que les personnes pour le compte desquelles le transport s'opère soient présentes à la saisie, et si, sur l'interpellation qui leur en est faite antérieurement à la déclaration du procès-verbal, elles reconnaissent que c'est dans leur intérêt que le transport a lieu, on doit verbaliser subsidiairement contre elles et remplir à leur égard, comme à l'égard de leurs agents ou domestiques, les formalités prescrites par le décret du 1er germinal. (Tiré d'une note de l'administration.)

XXXII

La confiscation des boissons emporte avec elle la confiscation des futailles qui les contiennent. (Arrêt du 5 août 1808, M. 4, 586.)

XXXIII

1° Quand des procès-verbaux sont rapportés à la circulation pour différences de quantités, et si les différences sont en moins, on délivre, pour achever le transport, un passavant n° 3 B à destination des consommateurs et un nouvel acquit-à-caution à destination des assujettis.

2° Pour les saisies opérées chez les assujettis, la quantité reconnue est prise en charge en vertu du procès-verbal. Un certificat de prise en charge, dressé et signé par les employés, doit être joint au procès-verbal, si, toutefois, le rapport sommaire ne fait pas mention de cette prise en charge.

3° Si les différences constatées par procès-verbal à la circulation sont en plus, on délivre, pour l'achèvement du transport, des acquits-à caution à destination des assujettis, et, à destination des consommateurs, des congés libellés de telle sorte qu'en rappelant les congés primitifs, ils énoncent les quantités reconnues, mais n'entraînent la perception des droits que sur les excédants.

4° Quand un conducteur de boissons, se présentant spontanément aux employés, ou interpellé par eux, déclare avoir perdu les expéditions qui devaient accompagner son chargement, cette allégation ne peut être immédiatement vérifiée, il y a donc nécessité de rapporter procès-verbal. (Art. 1 et 6, loi du 28 avril 1816.) On délivre toujours un acquit-à-caution pour la continuation du transport. (Circ. n° 450, du 6 juin 1850.)

5° Il est utile de joindre aux procès-verbaux les bulletins des nouvelles expéditions délivrées pour continuer le transport des boissons saisies.

6° Dans le cas où le motif de la saisie portera sur le faux ou l'altération des expéditions, le procès-verbal énoncera le genre de faux, les altérations ou surcharges; lesdites expéditions, signées et parafées des saisissants, *ne varietur*, seront annexées au procès-verbal, qui contiendra la sommation faite à la partie de les parafer, et sa réponse. — Prescrit à peine de nullité. (Art. 22, décret du 1er germinal.)

XXXIV

Les procès-verbaux, dans aucun cas, ne doivent faire mention des indicateurs; s'ils ne se sont point fait connaître, avant la saisie, soit au directeur, soit aux inspecteurs, mais seulement aux employés verbalisants, ceux-ci produisent à l'appui du dossier un certificat constatant les motifs qui ont fait dévier de la voie ordinaire, en faisant connaître les noms et demeures des indicateurs. (Circ. n° 410, du 21 décembre 1848.)

XXXV

1° Le défaut de représentation de boissons déclarées en transit, leur enlèvement sans déclaration préalable, la représentation de chargements non identiques ou présentant des différences importantes, les transvasions irrégulières (hors la présence des employés), sont des contraventions (art. 14 et 15 de la loi de 1816) qui doivent toujours être constatées par des procès-verbaux judiciaires. (Don 663, du 21 juin 1821 ; § 15 de l'instruction de 1827.) Ces infractions entraînent l'application des peines prononcées par l'art. 19 de la loi du 28 avril 1816. Le procès-verbal donne un titre pour faire appliquer au dépositaire les peines qu'il a encourues (amende, confiscation, frais). (Circ. du 30 avril 1855, n° 285);

2° Lorsqu'il s'agit de manquants ou d'enlèvement complet de boissons déclarées en transit, la saisie ne peut être que fictive. — Les quantités restantes sont saisies réellement.

XXXVI

1° Dans les lieux sujets aux droits d'entrée et d'octroi, le défaut de représentation, par les débitants de boissons, de la quittance d'entrée ou de celle d'octroi ou de banlieue, ne constitue pas une contravention punissable par la législation spéciale à l'un de ces droits; il y a seulement infraction à une disposition qui concerne uniquement le droit de détail, et, à ce titre, la contravention est punie par les peines portées par l'art. 96 de la loi du 28 avril 1816, lesquelles consistent, indépendamment de la confiscation, en une amende de 50 francs, soit qu'il y ait simple défaut d'exhibition de la quittance des droits d'entrée et d'octroi ou de celle du droit de banlieue, soit qu'il y ait absence simultanée de l'une de ces deux quittances ou de toutes deux et de l'acquit-à-caution, du congé ou du passavant; en d'autres termes, la pénalité est la même pour la seule omission des justifications relatives au droit de circulation que pour la réunion de cette contravention à celles qui se rapportent aux taxes locales.

2° Dans les communes assujetties à l'octroi ou au droit de banlieue, et qui ne sont pas imposées aux entrées pour le trésor, les débitants ne sont pas tenus de représenter la quittance des premiers droits, puisque la loi de 1816 n'a astreint à cette obligation que les débitants domiciliés dans les lieux sujets aux entrées.

Les employés de la régie ne sont pas en droit de rapporter procès-verbal lorsque cette justification n'est pas produite.

3° Les seules saisies qui puissent être considérées comme étant communes aux deux services sont celles que l'on effectue à l'introduction dans les lieux sujets et chez les entrepositaires, parce qu'alors il y a contravention, tant aux lois sur les contributions indirectes qu'à celles qui régissent les octrois, et que cette double contravention entraîne deux amendes différentes, l'une au profit du trésor et l'autre au profit de la commune. (Circ. n° 173, du 4 juin 1838.)

XXXVII

1° Les faits que l'on qualifie d'escalade, et pour lesquels les employés peuvent invoquer l'art. 46 de la loi du 28 avril 1816, sont : 1° de passer chargé de fraude en essayant d'escalader le mur ou la palissade, ou de franchir le fossé ou la barrière qui défend l'entrée du lieu sujet; 2° de jeter de l'extérieur dans l'intérieur des objets de fraude; 3° de les recevoir ou transporter après l'escalade, pourvu, toutefois, que les employés puissent affirmer dans leurs procès-verbaux qu'ils ont vu introduire lesdits objets, et qu'ils ont vu ceux qui les transportent les recueillir au moment de l'introduction à la limite de la ville; 4° de concourir à l'introduction de la fraude à l'aide de cordes, échelles et autres ustensiles propres à la faire passer dans l'intérieur du lieu sujet.

2° Par ustensiles préparés ou moyens disposés pour la fraude, on doit entendre : 1° les vessies ou vases de diverses formes qui s'adaptent au corps, sous les vêtements, pour l'introduction des liquides; 2° les voitures ou charrettes à double fond, ou ayant dans les brancards ou ailleurs des parties creuses et cachées recélant des matières assujetties aux droits, et généralement tous corps travaillés et disposés pour faciliter l'introduction sans payement des droits de tout ou partie des objets qu'ils contiennent, ou pour diminuer le volume de ceux qui sortent des entrepôts et transits et en laisser une partie dans le lieu sujet. (Circ. n° 89, du 29 août 1834.)

3° Les procès-verbaux de saisies constatant l'arrestation de fraudeurs seront rédigés sans le moindre retard, et les prisonniers seront conduits devant un officier de police judiciaire ou remis à la force armée, qui les conduira devant le juge compétent. — Ceux qui seront chargés de l'escorte seront toujours munis des procès-verbaux.

4° L'arrestation des fraudeurs, en matière de droit d'entrée, n'étant autorisée que ponr sûreté de l'amende, on s'abstiendra de les constituer prisonniers s'ils peuvent, ou consigner l'amende, ou fournir caution solvable, ou bien lorsque les moyens de transport seront d'une valeur supérieure à l'amende encourue. Cependant, s'il s'agit de voitures à double fond, elles sont par elles-mêmes saisissables, soit comme instruments de fraude, soit comme contenant des objets introduits, et n'offrant, par conséquent, aucune garantie pour l'amende. Les chevaux seuls pourraient être retenus, s'ils offraient une valeur suffisante pour couvrir l'amende.

XXXVIII

1° Les visites et exercices que les employés sont autorisés à faire chez les redevables ne pourront avoir lieu que pendant le jour; cependant, ils pourront aussi être faits la nuit dans les brasseries et distilleries, lorsqu'il résultera des déclarations que ces établissements sont en activité; et chez les débitants de boissons, pendant tout le temps que les lieux de débit sont ouverts au public. (Art. 235, loi du 28 avril 1816.)

2° Les débitants de boissons ne peuvent faire aucune opération qui ait pour résultat de changer le degré des eaux-de-vie prises en charge, sans avoir préalablement appelé les employés à l'effet d'y être présents. (Arr. du 16 octobre 1812, M. 9, 137.)

3° Lorsque le concert frauduleux entre un débitant et l'un de ses voisins, pour un recélé de boissons, résulte des faits et circonstances constatés par le procès-verbal, le voisin est également passible de l'amende et doit par conséquent être mis en cause. (*M. de Girard.*)

4° Les injures et menaces proférées envers les employés par un débitant pendant qu'ils procèdent à leurs vérifications dans son débit, constituent un refus d'exercice. Dans ce cas, les procès-verbaux qui constatent les injures et menaces doivent être crus en justice jusqu'à inscription de faux. (Arr. du 22 janvier 1819.)

5° Les procès-verbaux rapportés pour refus d'exercice seront présentés dans les 24 heures au maire de la commune (celle où est situé l'établissement du contrevenant), lequel maire sera tenu de viser l'original. (Art. 68, loi du 28 avril 1816.)

L'omission de cette formalité n'entraîne point la nullité du procès-verbal. (Arr. du 20 août 1818, M. 9, 181.)

Si le maire ou l'adjoint refusait le visa, les employés devraient rédiger acte de ce refus au pied du procès-verbal.

XXXIX

1° De simples employés des contributions indirectes ne peuvent faire des visites dans l'intérieur de l'habitation d'un particulier non sujet aux exercices, sans être munis de l'ordre spécial et nominatif qui les y autorise. Le procès-verbal doit énoncer, à peine de nullité, que cet ordre a été exhibé au particulier.

Le particulier qui a souffert ces visites sans l'assistance d'un officier de police est non recevable à exciper de ce défaut d'assistance. Il n'en est pas de même s'il était absent de son domicile au moment où les opérations ont commencé, quand bien même ces opérations auraient été continuées en sa présence et avec l'assistance de l'officier de police requis intermédiairement.

2° Un procès-verbal de visite ne peut être annulé sur le fondement qu'il ne porte pas en tête copie de la réquisition à l'officier de police. (Arr. du 10 avril 1823.)

3° L'ordre spécial et nominatif dont il est parlé ci-dessus doit émaner d'un employé supérieur, ayant au moins le grade de contrôleur.

Cette disposition, qui exige l'ordre d'un contrôleur, donne par cela même aux employés de ce grade l'aptitude nécessaire pour valider par leur présence une visite de cette espèce, car la coopération d'un contrôleur est pour le moins équivalente à l'ordre qui émanerait de lui. Pour que l'opération soit légale et régulière et que l'individu chez qui l'on se présente sache que les employés ont qualité pour procéder à la vérification, il faut que le contrôleur qui la dirige lui fasse connaître quel est son grade et exhibe au besoin sa commission, et que cette circonstance soit mentionnée au procès-verbal. (Lettre commune n° 38, du 24 octobre 1829.)

4° Les visites dans le domicile des débitants pourront être faites sans l'assistance d'un officier de police, lorsqu'elles seront dirigées par un employé supérieur du grade de contrôleur au moins, ou lorsqu'un employé de ce grade les aura autorisées par un ordre écrit, spécial et nominatif.

5° Les employés pourront aussi procéder à ces visites sans un ordre spécial et en l'absence d'un employé supérieur; mais alors l'assistance d'un des officiers de police désignés par l'art. 237 de la loi de 1816 sera nécessaire.

6° Ainsi que cela se pratique pour le cas de visite chez les non-assujettis et quand des procès-verbaux ne sont pas dressés, les employés qui, spontanément, soit sur l'ordre d'un employé supérieur, auront fait une visite et des recherches dans l'intérieur du domicile d'un débitant, rédigeront sur papier libre un rapport indiquant les motifs et les résultats de leurs perquisitions. Ils le signeront et le remettront au chef local de service qui, après l'avoir visé, l'enverra au chef de service de l'arrondissement. (Circ. n° 436 du 31 décembre 1849.)

7° L'ordre de visite doit être exhibé tant au commissaire de police dont les employés requièrent l'assistance qu'au particulier qui y est dénommé. (Arr. du 10 avril 1823.) Cas de nullité.

8° On devra transcrire en tête du procès-verbal la réquisition faite à l'officier de police ainsi que l'ordre de visite; ceci n'est point prescrit à peine de nullité.

9° L'officier de police désigné par l'art. 237 de la loi du 28 avril 1816 est ou juge de paix, maire, adjoint de maire ou commissaire de police.

Cet officier de police est tenu, sous peine de destitution et de dommages-intérêts, de déférer à l'instant à la réquisition écrite faite par les employés. (Art. 83, loi du 5 ventôse an XII.)

10° Les marchandises transportées en fraude, qui au moment d'être saisies seraient introduites dans une habitation pour les soustraire aux employés, pourront y être suivies par eux sans qu'il soient tenus, dans ce cas, d'observer les formalités ci-dessus prescrites. (Art. 237, loi de 1816.)

11° Cette manière d'opérer ne peut être pratiquée que de jour. (Arr. du 5 janvier 1810, M. 11, 137.)

12° Lorsque les employés sont à la suite d'objets de fraude et qu'ils les voient entrer la nuit dans une maison habitée, ils n'ont pas le droit de s'y introduire; mais ils doivent, s'ils sont en position de le faire, déclarer la saisie au conducteur avant l'introduction, et même à celui qui les reçoit chez lui; déclarer ce dernier en contravention et verbaliser contre lui si, d'après la nature particulière de l'affaire, il se met en opposition à quelque disposition de la loi en recevant chez lui les marchandises suivies, et, du reste, surveiller la maison jusqu'au jour pour y trouver les objets de fraude, et alors il suffit de leur existence matérielle pour constater la contravention. (Don 664, M. 10, 469.)

13° Les visites se font de jour. Une visite commencée de jour peut se poursuivre sans aucune interruption, même pendant la nuit. (Div. arr.)

14° C'est en vertu de l'art. 245 de la loi de 1816 que les employés doivent requérir l'assistance d'un officier de police lorsqu'ils éprouvent des refus d'exercice chez les assujettis, et généralement des difficultés dans l'exercice de leurs fonctions.

15° Tout commandant, tout officier de la force publique, qui après avoir été requis par l'autorité civile aura refusé de faire agir la force armée à ses ordres, sera puni d'un emprisonnement d'un mois à trois mois, sans préjudice des réparations civiles qui pourraient être dues aux termes de l'art. 10 du présent Code. (Art. 234 du Code pénal.)

16° Les préposés en chef des octrois, ou à leur défaut les régisseurs, ont qualité pour valider de leur présence ou par un ordre écrit les visites chez les simples particuliers.

17° On ne peut faire aucune recherche au domicile des non-assujettis dans l'intérieur des lieux sujets pour le droit d'entrée, même avec les formalités prescrites par l'art. 237 de la loi du 28 avril 1816, à moins que les boissons y aient été suivies depuis leur introduction, et, dans ce cas, la présence d'un officier de police ni même l'ordre écrit d'un employé supérieur ne sont nécessaires. (Don 632, M. 10, 456.) (V. Modèles, p. 155.)

XL

1° Aucune disposition légale n'oblige l'expéditeur à opérer l'enlèvement des boissons à un moment précis, il suffit que cet enlèvement ait lieu dans le délai accordé par l'expédition et que le transport ait été effectué dans le même temps. (Arr. des 16 et 22 février 1844, *Annales* de 1844, p. 411.)

2° Ainsi il n'y a pas matière à verbaliser avant la péremption des expéditions, à moins toutefois qu'il ne soit avéré qu'un premier transport a eu lieu.

Il suit de là qu'il faut avoir égard, dans les recensements chez les marchands en gros, aux quantités pour lesquelles il a été pris des expéditions et qui n'ont pas encore été expédiées, bien que l'heure indiquée pour l'enlèvement soit expirée, pourvu que le délai qui se rattache à la durée du transport soit encore en vigueur, et si surtout il ne s'élève point de contestation sur l'identité desdits boissons et chargements.

3° La législation tracée par ces arrêts pouvant entraîner des abus, les employés, lorsque des cas de l'espèce se présenteront, feront bien, s'ils le peuvent, d'en donner avis à leurs chefs et de prendre leurs instructions avant de rien décider par eux-mêmes.

XLI

1° La disposition qui permet aux marchands en gros de transvaser, mélanger et couper leurs boissons, doit être entendue et appliquée en ce sens : que les coupages par addition d'eau ne peuvent avoir lieu que sur les boissons spiritueuses et non sur les vins.

A l'égard des vins, les expressions mélanger, couper les boissons, signifient seulement que les coupages auront lieu avec d'autres vins, ce qui n'occasionne aucun accroissement de charges.

Telle est l'exacte et rationnelle interprétation de la loi.

Ce que la loi réprouve et interdit comme une falsification faite dans le but de tromper l'acheteur, ne peut être ni permis ni toléré par le service des contributions indirectes.

Les employés ne peuvent pas reconnaître ni approuver dans leurs actes et par leur présence, le coupage d'eau et de vin. Les excédants quelconques de magasin doivent donc toujours être saisis.

2° Ce qui précède concerne les débitants de boissons aussi bien que les marchands en gros.

Pour les uns comme pour les autres, les mélanges qui ont pour but de tromper le public sont et demeurent illicites.

Aux termes de l'art. 59 de la loi du 28 avril 1816, les débitants soumis à l'exercice ne peuvent faire aucun remplissage, si ce n'est en présence des employés, et il leur est défendu de substituer de l'eau ou tou autre liquide aux boissons qui ont été reconnues lor: de la prise en charge.

Les employés doivent n'autoriser par leur pré· sence et ne constater que des opérations qui soien licites, et loin dès lors d'assister à des mélange: d'eau et de vin, leur devoir comme leur droit es de verbaliser s'il y a eu des remplissages clandes· tins (art. 59, loi de 1816), et de saisir, comme frauduleusement introduites (art. 55), les quantités ex· cédant produites par des mélanges.

3° A l'égard des débitants abonnés, les employés, lorsqu'ils établissent la situation du compte, doiven agir exactement comme chez les marchands en gros. (Circ. n° 151, du 8 octobre 1853.)

XLII

1° Il faut toujours, pour constituer un simple par ticulier en contravention, comme débitant liquorist ou marchand en gros liquoriste, que la découvert de la fabrique de liqueurs soit la suite d'un fait d vente, et c'est d'après la quantité vendue que l'o peut reconnaître si l'on doit verbaliser pour contravention à l'art. 50 de la loi de 1816 (contre un débitant liquoriste) ou pour contravention à l'art. 97, même loi (contre un marchand en gros liquoriste).

Lorsque les quantités vendues sont inférieures à 25 litres, c'est comme débitant que le contrevenant doit être considéré; si la quantité vendue dépasse 25 litres, le contrevenant doit être considéré comme marchand en gros.

Il est indispensable que les employés aient vu sortir les liqueurs de l'établissement du fabricant, ou bien même qu'ils en aient vu effectuer la vente et le payement et que le procès-verbal rapporte ces faits.

Les liqueurs vendues sont saisies pour contravention à l'art. 6 de la loi du 28 avril 1816, circulation sans expédition. Puis on devra se conformer pour l'introduction au domicile du contrevenant aux prescriptions de l'article 237 de la loi de 1816 (V. n° 39, page 55), et ainsi toutes les fois que le contrevenant n'est pas assujetti aux exercices ou que la recherche de l'atelier de fabrication de liqueurs ou leur recel a lieu ailleurs que dans les lieux où les employés ont droit de s'introduire pour l'exercice de leurs fonctions habituelles.

On ne peut, dans aucun cas, saisir les alambics, mais seulement les vases contenant des matières en préparation imprégnées d'alcool, ainsi que tous les alcools trouvés chez le contrevenant et affectés à la fabrication des liqueurs.

XLIII

1° Les brasseurs sont tenus de représenter, à toute réquisition des employés, les bières en leur possession.

2° L'exercice peut être fait à toute heure, même de la nuit, si l'établissement est en activité.

3° Les visites ne sont point permises dans les maisons contiguës qui ne communiquent pas intérieurement avec les brasseries.

4° La présence d'un officier de police n'est jamais nécessaire pour valider les opérations des employés dans l'établissement d'un brasseur.

5° La bière faite sans ébullition, avec des marcs presque épuisés, est exempte de droits, mais sa fabrication donne lieu à une déclaration.

6° Le mélange de deux ou plusieurs espèces de bières avant l'entonnement, à l'effet d'empêcher la vérification qu'autorise l'art. 111 de la loi du 28 avril 1816 et de laisser reconnaître l'excédant qui aurait existé sur le brassin le plus imposé.

7° On entend par recelé de bières, dans une brasserie, celles cachées avec l'intention de les soustraire à l'application du droit, surtout si les faits, l'état actuel de la bière, prouvent qu'il y a fabrication récente et non déclarée.

XLIV

1° La mise en circulation de voitures non déclarées, le défaut de laissez-passer ou d'estampille, la représentation d'un laissez-passer périmé ou inapplicable, l'exploitation d'un service régulier avec des voitures déclarées d'occasion et à volonté, la fausse déclaration du prix des places, le manque d'inscription sur la feuille de route de paquets pris au lieu de départ, sont des contraventions qui doivent être constatées à la charge des entrepreneurs et pour lesquelles on est en droit d'exercer des poursuites contre eux, sans qu'il soit besoin de mettre en cause les conducteurs. Dans ces cas, le procès-verbal est déclaré à l'entrepreneur en parlant au conducteur.

2° Pour le refus de présenter le laissez-passer ou la feuille de route dont le conducteur doit se trouver muni, pour les excédants sur le nombre des voyageurs, pour les voyageurs pris pendant le trajet et qui n'ont point été inscrits sur la feuille de route, pour les insultes ou voies de fait contre les employés, c'est personnellement contre le conducteur qu'il faut verbaliser. L'entrepreneur ne peut être considéré, dans de telles circonstances, que comme civilement responsable du fait de son agent.

LXV

1° Par son art. 15, la loi du 30 mai 1851 appelle à constater les contraventions et délits les employés des contributions indirectes, les agents des douanes et ceux des octrois.

2° Le modèle joint à la circulaire n° 300, du 25 juin 1844 (police de la chasse), sera consulté pour la rédaction des procès-verbaux, dressés en vertu de cet article 15. Ces procès-verbaux font foi jusqu'à preuve contraire, ils doivent être affirmés et enregistrés selon ce que prescrivent les art. 18 et

19. (V. n° 11, p. 158; aff., n° 17, p. 37; Enregist., n° 1, p. 37.)

3° Aux termes de l'art. 16, en ce qui concerne les voitures publiques allant au trot, certaines contraventions ne peuvent être constatées qu'aux lieux de départ et d'arrivée, de relais et de station desdites voitures, ou aux barrières d'octroi, sauf, toutefois, celles qui concernent le nombre des voyageurs, le mode de conduite des voitures, la police des conducteurs, cochers ou postillons, et le mode d'enrayage.

4° La législation fiscale (art. 120 de la loi du 25 mars 1817) dispose que les employés ne peuvent arrêter les voitures, sur les grandes routes, ailleurs qu'aux entrées et sorties des villes et aux relais. En cas de soupçons de fraude, ils ne peuvent faire leurs vérifications qu'à la première halte. Cette disposition est entrée dans la rédaction de l'art. 16 de la loi du 30 mai 1851, qui, en déclarant que les contraventions peuvent être constatées aux barrières d'octroi, substitue cette rédaction à celle qui énonçait, dans l'art. 120 de la loi du 25 mars 1817, les entrées et les sorties des villes; ainsi se trouve consacrée l'interprétation que l'administration avait donnée à cette partie de l'art. 120. Sauf le cas d'une halte, d'une station, d'un relais, les contraventions dont il s'agit ne peuvent pas être constatées au passage des voitures dans les communes ayant pourtant un octroi, mais où la perception est faite à bureau unique et central placé à l'intérieur de la commune, et, où il n'y a pas de bureaux, pas de barrières.

La faculté de vérifier les voitures publiques et de constater les contraventions quelconques ailleurs qu'aux lieux et dans les cas spécifiés à l'art. 120 précité était déniée aux employés des contributions indirectes.

Mais l'art. 16 de la loi du 30 mai 1851, en statuant que les contraventions qui concernent le nombre des voyageurs peuvent être constatées partout, l'art. 15, en appelant d'une manière générale les employés des contributions indirectes à constater ces contraventions, lève pour ces employés l'interdiction que leur imposait la législation fiscale.

Ils useront avec prudence des pouvoirs nouveaux qui leur sont conférés; ils éviteront de donner des motifs fondés à des plaintes et à l'accusation de mettre des obstacles à la circulation des voitures.

5° Quand ils agiront ailleurs qu'aux barrières

d'octroi et aux lieux de halte, de station ou de relais, c'est-à-dire en dehors des pouvoirs qu'ils tiennent de la législation fiscale, ils verbaliseront, le cas échéant, exclusivement en vertu de la loi du 30 mai 1851 et du décret du 10 août 1852.

6° Quand un fait constitue à la fois une infraction tant à la législation de police qu'à la législation fiscale (excédant de voyageurs, tenue des registres des feuilles de route, etc.), le contrevenant est passible des peines édictées par la législation de police et des peines prononcées par la législation de l'impôt. (Arr. du 18 mars 1843.)

Dans ces cas, les procès-verbaux seront rédigés dans les formes propres aux contributions indirectes; il n'est point nécessaire que ces actes fassent mention des articles de la loi de police auxquels il y aura eu contravention.

7° La législation de l'impôt n'autorisant pas les préposés des douanes à verbaliser en matière de voitures publiques, ces préposés devront, dans tous les cas, verbaliser exclusivement d'après la législation de police. (V. Modèle de procès-verbal, p. 249.)

8° Au contraire, mais seulement pour le cas où les contraventions affectent simultanément la législation de police et la législation fiscale, les préposés des octrois et ceux des contributions indirectes, agissant aux barrières d'octroi, peuvent et doivent, comme par le passé, verbaliser en vertu de la législation fiscale. (Circ. n° 63, du 25 septembre 1852.)

9° La loi de police n'est applicable qu'aux voitures en service régulier.

10° Il n'y a pas lieu à saisir les voitures en service régulier qui transportent des marchandises non inscrites sur la feuille de route; cette contravention n'entraîne que l'amende prononcée par la loi. (Arr. du 10 avril 1806.)

11° Les voitures des convois militaires ne sont affranchies du droit imposé par la loi de 1817 qu'autant qu'elles ne sont employées qu'à ces convois et que l'usage en est interdit au public. Le maître est responsable des faits de son domestique, sans que, pour établir cette responsabilité, il y ait nécessité de mettre le domestique en cause. (Arr. du 23 mai 1828.)

12° Le conducteur d'une voiture sur laquelle sont des objets de fraude peut s'affranchir des contraventions encourues en indiquant le voyageur à qui appartiennent ces objets, si surtout celui-ci s'en reconnaît propriétaire.

13° Si l'individu qui a été poursuivi comme prévenu de la contravention n'est pas celui sur lequel on a opéré la saisie, cela ne change rien à la position de l'entrepreneur ou du conducteur; ils ont satisfait à leurs obligations en indiquant celui qui était le contrevenant, ou du moins qui paraissait l'être. (Arr. du 16 décembre 1842.)

14° L'on peut s'abstenir de verbaliser quand, dans des cas fortuits, les conducteurs de voitures d'occasion et à volonté, transportent un nombre de voyageurs supérieur à celui déclaré. (Circ. n° 103, de 1827, en vigueur.)

15° Bien que les employés n'aient le droit de verbaliser qu'aux haltes, en ce qui concerne les contraventions fiscales, ils peuvent mentionner dans leurs procès-verbaux les faits antérieurs dont ils ont été témoins et qui tendent à constater la fraude, notamment la descente anticipée de voyageurs en excédant. (*Annales* 1848-49, 173.)

XLVI

1° On ne considère en général comme colporteurs

de tabacs que les marchands ambulants et les contrebandiers.

2° Les colporteurs sont constitués prisonniers, mais seulement pour garantie de l'amende, car s'ils en déposent le maximum, 1,000 fr., ils doivent être mis en liberté. Dans le cas contraire, ils sont conduits, en vertu de l'art. 224 de la loi de 1816, sur-le-champ, devant un officier de police judiciaire, ou remis à la force armée. Une copie du procès-verbal doit toujours accompagner les fraudeurs lorsqu'ils sont conduits devant le magistrat.

XLVII

Les saisies d'octroi, non communes aux contributions indirectes et ne s'élevant pas au-dessus de 10 francs, pourront être constatées au moyen de simples rapports. (Décis. du ministre des finances du 28 mars 1809 ; Circ. n° 89, du 29 août 1834, page 307, *Annales* de 1833.)

Cette décision ne doit recevoir son application qu'à l'égard des saisies sur inconnus. (*Sail. et Olibo*, page 463.)

XLVIII

1° Il y a nullité lorsque les procès-verbaux en matière de garantie ne sont pas dressés de suite et sans déplacer, à moins qu'il n'y ait force majeure, comme, par exemple, lorsque l'officier de police qui assiste les employés est obligé, sur un ordre supérieur, de se rendre dans un autre lieu. (Arr. du 12 juillet 1834, *Annales* de 1835, p. 83.)

2° La loi du 19 brumaire an VI n'exigeant pas que les procès-verbaux en matière de garantie soient affirmés, il s'ensuit qu'ils ne sont pas soumis à cette formalité (Arr. des 2 janvier et 1er mai 1806), même lorsqu'ils sont rapportés par des employés des contributions indirectes. (Arr. du 26 janvier 1809.)

« Cependant cette affirmation doit avoir lieu selon les prescriptions du décret du 1er germinal. (Circ. n° 28, du 17 juin 1820, secrétariat général.) »

3° L'enregistrement des procès-verbaux en matière de garantie doit avoir lieu dans les quatre jours de leur date. (Loi du 12 frimaire an VII, art. 34.)

4° Les employés auxquels ce travail est plus particulièrement destiné ne pouvant procéder à leurs exercices chez les assujettis au droit de garantie qu'autant qu'ils sont accompagnés d'un contrôleur spécial ou d'un chef ayant au moins le grade de contrôleur, et la direction de l'exercice et des actes de répression étant dans les attributions de ces chefs, on a cru pouvoir sans inconvénient se dispenser de donner le tableau, fort long, des contraventions en matière de garantie.

XLIX

Les procès-verbaux font foi, jusqu'à inscription de faux, des aveux qu'ils relatent. Cette doctrine, qui a son principe dans l'art. 26 du décret du 1er germinal an XIII, a été consacrée par de nombreux arrêts de la Cour de cassation, notamment celui du 2 octobre 1834, *Annales* de 1835, page 154, dont le texte est ainsi conçu :

« Le procès-verbal qui constate à la charge d'un « individu des aveux ayant pour effet de le consti- « tuer en contravention aux lois sur les contribu- « tions indirectes fait foi jusqu'à inscription de « faux. »

Dans des circonstances même où il n'existait

point de corps de délit il est des arrêts (20 octobre 1808 et 13 décembre 1813) qui ont décidé que le simple aveu suffisait pour constituer en contravention celui à la charge duquel il était rapporté dans un procès-verbal. Toutefois l'administration n'a pas cru, dans des cas nombreux, devoir user de cette jurisprudence dans toute sa rigueur, en considérant les aveux comme n'étant de nature à lier les prévenus qu'autant qu'ils se rattachent à des faits qui forment déjà une présomption légale de fraude. (V. Mémorial, 14e vol. p. 120.)

Il est bon de remarquer que les aveux d'une personne soumise aux exercices, obligée de répondre aux interpellations du service, ont une toute autre portée que ceux échappés à des non assujettis, qui ne sont tenus à aucune justification.

Les aveux ne peuvent préjudicier qu'à ceux qui les font et ne jamais être opposés à des tiers.

On sera porté à induire de cette courte donnée, qu'il est très-peu de circonstances qui permettent d'asseoir un procès-verbal sur de simples aveux, lorsqu'on ne peut mettre à la charge du prévenu des faits qui, par eux-mêmes, constituent une véritable contravention.

Agents qui ont qualité pour verbaliser.

L

1° Les préposés temporaires nommés par l'administration et assermentés, les receveurs buralistes, les canotiers de la régie, les débitants de tabacs et les employés de la garantie ont droit de verbaliser dans l'intérêt des contributions indirectes.

2° Les débitants de tabacs et les employés de la garantie non pourvus de commissions spéciales ne sont aptes à rapporter des procès-verbaux que dans la matière qui fait l'objet de leurs attributions particulières.

3° Les employés des douanes sont autorisés à verbaliser en matière de circulation de boissons (seulement dans la circonscription où ils exercent leurs fonctions), en matière de cartes à jouer, tabacs, poudres à feu, garantie et sels. (V. p. 70, n° 45, § 7.)

4° Les gardes forestiers ont le droit de saisir en matière de cartes à jouer, de poudres à feu, de colportage et de plantations illicites de tabacs, mais, art. 16 du Code d'instruction criminelle, ces agents n'ont qualité pour verbaliser que dans le territoire pour lequel ils sont assermentés.

5° Les dispositions ci-dessus sont applicables aux gardes champêtres et aux gendarmes, à l'exception que ceux-ci peuvent exercer leurs fonctions dans toute l'étendue de l'Empire.

6° Les maires, les adjoints et les commissaires de police peuvent verbaliser pour les fraudes qu'ils découvrent ou qui leur sont dénoncées en matière de tabacs et de poudres.

Leurs procès-verbaux ne sont soumis à d'autres formalités qu'à celles qui leur sont propres.

7° Rien ne doit être ajouté en ce qui concerne les employés d'octroi, leurs attributions ont été suffisamment déterminées dans les articles précédents.

8° Toutes les fois qu'il se trouve parmi les différents agents susdénommés, un ou plusieurs employés des contributions indirectes, ceux-ci sont plus spécialement chargés de la rédaction des procès-verbaux et doivent donner à ces actes les formes prescrites par le décret du 1er germinal. (Inst. n° 45.)

9° Il ne faut point perdre de vue que les procès-verbaux rapportés à la requête des contributions indirectes doivent, à peine de nullité, quel que soit le caractère particulier des verbalisants, être l'œuvre collective de deux employés au moins, et en tout point d'accord avec les prescriptions dudit décret du 1er germinal an XIII.

LI

1° Les procès-verbaux qui constatent des insultes et menaces envers les employés font foi en justice, lorsque ces injures et menaces ont pour objet et pour résultat un refus d'exercice. (Arr. du 27 décembre 1810, M. n° 7, p. 103.)

2° Quand des procès-verbaux, au lieu de constater une contravention ou une fraude, n'établissent que des injures envers les employés, ceux contre lesquels ces procès-verbaux sont dressés peuvent être admis à faire la preuve contraire sans être tenus de s'inscrire préalablement en faux, parce que, dans cette hypothèse, ces procès-verbaux n'ont plus que le caractère de plainte ou de dénonciation. (Arr. du 2 mai 1806, M. 11, 11.)

Dans ce dernier cas, le procès-verbal est écrit sur

papier libre. On doit de plus se conformer au modèle joint à la circulaire n° 300 du 25 juin 1844 police de la chasse. (V. modèle p. 158, affirmation p. 32, n° 17, et enregistrement, p. 38, n° 18, § 3.)

DEUXIÈME PARTIE.

TABLEAUX DES CONTRAVENTIONS.

DEUXIÈME PARTIE.

Circulation (1).

1° Enlèvement, déplacement, transport de vins, cidres, poirés, piquettes (vins faibles), hydromels, eaux-de-vie, esprits, liqueurs et fruits à l'eau-de-vie sans expédition. (Art. 1 et 6, loi du 28 avril 1816.) S. C. A.

Lorsque la boisson en contravention est de l'hydromel, il faut, de plus, citer l'art. 85 de la loi du 25 mars 1817.

Saisie des moyens de transport pour sûreté de l'amende à défaut de caution solvable ; on doit offrir mainlevée à peine de nullité. (V. n° 11, p. 23.)

(1) Voir n° 30, p. 43, et n° 31, p. 45.

Les voyageurs peuvent transporter trois bouteilles de vin sans expédition.

2° Défaut d'identité. (Art. 10, loi du 28 avril 1816.) S. C. A.

Une seule expédition suffit pour plusieurs voitures marchant ensemble et ayant la même destination.

En cas de différence dans le nombre de fûts qui composent un chargement, on ne doit saisir que ceux qui excèdent l'énoncé de l'expédition. (D^on n° 622.) On doit saisir tout le chargement si l'excédant provient de différence entre la contenance déclarée des fûts et celle qui est reconnue. (D^on n° 625.)

Avoir égard à la tolérance 5 0/0.

Prendre des échantillons si l'identité constatée porte sur la qualité ou l'espèce des boissons. (V. n° 28 et n° 29.)

3° Fausse destination. (Art. 10 et 13, loi du 28 avril 1816.) S. C. A.

Ne point saisir un chargement qui ne suit pas la

route la plus directe, tant que le délai porté sur l'expédition n'est pas expiré.

4° Délai : il ne peut être anticipé ni retardé. (Art. 13, même loi.) S. C. A.

On doit avoir égard aux prolongations de délais annotées au dos des expéditions par suite de transit ainsi qu'aux retards légalement constatés (constatés par les employés, le maire ou l'adjoint de la commune la plus voisine.) (V. n° 40.)

5° Déchargement sans déclaration ailleurs que chez le destinataire. (Art. 10, 13, 14, loi du 28 avril 1816.) S. C. A.

A moins pourtant qu'il n'y ait péril actuel pour les boissons.

6° Séjour en route pendant plus de 24 heures sans avoir remis les expéditions au bureau de la régie. (Art. 14, même loi.) S. C. A.

7° Refus de représenter les boissons en transit. (Art. 14, même loi.) S. C. A.

L'administration seule peut autoriser les mixtions et les coupages chez les transitaires. (V. n° 35, p. 48.)

8° Refus de représenter les expéditions (Art. 17, même loi, S. C. A. et art. unique, loi du 23 avril 1836.)

Cette représentation doit être faite à toute réquisition des employés et à l'instant.

Saisie des boissons et des moyens de transport pour sûreté de l'amende ; suivre le chargement jusqu'au plus prochain bureau, et là, verbaliser selon la circonstance de la contravention.

Les expéditions doivent toujours accompagner le chargement. La déclaration du conducteur qu'il n'a pas d'expédition le constitue en contravention.

9° Refus de laisser faire la vérification du chargement. (Art. 17, id.) Même manière d'agir qu'à l'art. précédent.

Lorsque l'expédition est applicable, les boissons ne sont pas en contravention, mais elles sont saisies ainsi que les moyens de transport pour sûreté de l'amende.

L'amende est de 100 à 600 francs. (Art. 19, loi du 28 avril 1816.)

Entrée, taxe unique (1).

1° Introduction sans déclaration et payement des droits dans les villes où la perception est faite à l'entrée. (Art. 24, loi du 28 avril 1816.) S. C. A.

Saisie des moyens de transport pour garantie de l'amende.

2° Déchargement ou introduction à domicile dans les villes ouvertes, sans déclaration et payement des droits. (Art. 25, même loi.) S. C. A.

3° Fausse déclaration des objets soumis aux droits. (Art. 24 et 25, même loi.) S. C. A.

Ne saisir que l'excédant pour les fruits en vendanges, mais, s'il s'agit de boissons, saisir pour défaut d'identité. (Art. 10, loi du 28 avril 1816.)

(1) Voir n° 36, p. 49.

4° Introduction avant ou après les heures permises. (Art. 26, même loi.) S. C. A.

Janv., févr., nov., déc.,	avant 7 h. m.	après	6 h. s.
Mars, avril, sept., oct.,	— 6	—	7 —
Mai, juin, juillet, août,	— 5	—	8 —

5° Enlèvement d'un entrepôt sans acquit du droit. (Art. 37, même loi et 38 de celle du 21 avril 1832.) S. C. A.

6° Opposition à la visite et à la vérification des chargements aux entrées des lieux sujets. (Art. 24 et 25, loi du 28 avril 1816.) A.

7° Présentation à la sortie d'objets d'une nature différente de ceux entrés en passe-debout, en transit ou en entrepôt, ou en quantité inférieure à celle déclarée. (Art. 24 et 25, ci-dessus.) S. C. A.

Saisie fictive de la différence reconnue. Prendre des échantillons en cas de contestation.

8° Fabrication de boissons sans déclaration, dans

l'intérieur d'un lieu sujet, avec des matières non inventoriées ou pour lesquelles les droits n'auraient pas été acquittés à l'entrée. (Art. 24, loi du 28 avril 1816.) S. C. A.

9° Recélé de boissons soumises à l'inventaire par un propriétaire récoltant. (Art. 24 et 25, même loi.) S. C. A.

Les boissons dites piquettes, faites par les propriétaire récoltants avec de l'eau jetée sur de simples marcs, sans pression, sont exemptes des droits, à moins qu'elles ne soient déplacées pour être vendues en gros ou en détail; cette exception ne s'applique point aux cidres de seconde qualité, quoiqu'il entre de l'eau dans leur fabrication.

Dans les contre-visites, on peut saisir toutes les boissons excédantes dans le domicile.

10° Excédant de boissons chez un récoltant. (Art. 40, même loi.) S. C. A.

On peut se dispenser de verbaliser en prenant en charge et en laissant payer le droit de circulation.

11° Refus par un propriétaire récoltant de souffrir l'inventaire de ses boissons dans les communes où il est autorisé. (Art. 40, loi du 28 avril 1816.) A.

Après avoir constaté l'opposition, il convient que les employés se fassent assister par un officier de police pour faire l'inventaire en sa présence.

12° Refus de souffrir le recensement avant la récolte. (Art. 41, loi du 28 avril 1816.) A.

Les propriétaires récoltants sont soumis, indépendamment de l'inventaire, à un recensement avant la récolte suivante.

L'amende est de 100 à 200 francs (art. 46 id.), sans préjudice de celle encourue au profit de l'octroi.

Débitants de boissons (1).

1° Vente en détail sans déclaration ni licence. (Art. 50 et 144, loi du 28 avril 1816.) S. G. A.

(1) Voir n° 38, p. 53.

Les procès-verbaux rapportés pour vente illicite de boissons sont rédigés pour l'exécution de la législation de l'impôt. Il suffit de citer les articles ci-dessus. (V. PP, n° 4, § 2.)

Aucun débit à consommer sur place ne peut être ouvert sans une autorisation du préfet. (Décret du 29 décembre 1857.)

La mainlevée peut être accordée moyennant 1,000 francs, maximum de la confiscation.

Les débitants qui ne vendent que de la bière doivent la licence et sont soumis aux exercices.

2° Vente en détail pendant les trois mois qui suivent la déclaration de cesser. (Art. 67, même loi.) S. C. A.

3° Vente en détail par un débitant exercé ou abonné, d'une espèce de boisson dont il a déclaré ne pas vouloir opérer la vente. (Art. 50, même loi.) S. C. A.

Les boissons, objet d'une déclaration restrictive, ne sont reçues que par congés.

4° Défaut d'enseigne ou de bouchon. (Art. 50, même loi.) A.

5° Refus de retirer les enseignes et bouchons après déclaration de cesser. (Art. 67, même loi.) A

6° Fausse déclaration des boissons appartenant aux débitants. (Art. 50, loi du 28 avril 1816.) S. C. A.

S'il existe une différence au moment de l'inventaire, on se borne à prendre en charge lorsqu'elle est en évidence. Le débitant n'est point tenu de rendre aucun compte sur les boissons qu'il déclare lors du premier inventaire.

On se borne à exiger la déclaration des boissons situées dans la même commune ou les parties des communes voisines à proximité des débits.

7° Refus de déclarer le prix de vente des boissons ou fausse déclaration de prix. (Art. 48, loi du 28 avril 1816.) Saisie des boissons mises en vente. C. A.

En cas de contestation sur le prix de vente, il doit en être référé au maire, chargé de prononcer sur le différent, sauf le recours au préfet. Le droit doit être provisoirement perçu d'après la décision du maire. Cette décision ne peut s'appliquer aux boissons vendues antérieurement à la contestation.

8° Augmentation du prix de vente sans déclaration. (Art. 48, même loi.) S. C. A.

9° Omission ou refus d'afficher le prix de vente. (Même article.) A.

10° Refus de souffrir les visites ou exercices. (Art. 52, même loi.) A.

Les visites peuvent être faites pendant tout le temps que les débits sont ouverts au public. Lorsque les employés éprouvent des obstacles, ils doivent se retirer et constater les empêchements apportés à l'exercice de leurs fonctions.

11° Refus de laisser jauger, déguster et reconnaître les boissons. (Art. 53, même loi.) A.

L'opposition verbale constitue un refus d'exercice.

12° Refus par les débitants d'ouvrir aux employés leurs caves, celliers et autres parties de leurs maisons. (Art. 56, loi du 28 avril 1816.) A. (V. PP., nº 38.)

13º Refus de souffrir les visites et exercices pendant les trois mois qui suivent la déclaration de cesser. (Art. 67, même loi.) A.

14º Refus de sceller les communications intérieures entre la maison d'un débitant et les maisons voisines. (Art. 61, même loi.) A.

S'il est impossible d'interdire les communications intérieures, le voisin du débitant doit être soumis à l'exercice, sur l'autorisation du préfet qu'on doit exhiber.

15º Refus par le voisin d'un débitant de souffrir les exercices lorsqu'il y a été légalement soumis. (Art. 63, loi du 28 avril 1816.) A.

16º Introduction de boissons sans expédition ou avec des expéditions inapplicables. (Art. 53, même loi.) S. C. A.

Ne point saisir les boissons provenant de récolte chez les débitants et fabriquées chez eux.

17° Défaut de représenter des expéditions pour les boissons introduites chez les débitants, même pendant les trois mois qui suivent la déclaration de cesser. (Art. 53, même loi.) S. C. A.

18° Défaut de représenter les quittances d'entrée et d'octroi. (Même article.) S. C. A.

Dans les lieux soumis seulement aux droits d'octroi, la reproduction des quittances ne peut être exigée. (V. PP., n° 36.)

19° Recélé de boissons par un débitant. (Art. 61, loi du 28 avril 1816.) S. C. A.

La clef d'un local trouvée chez un débitant établit la présomption que les boissons qui y sont découvertes lui appartiennent.

20° Recélé chez un particulier de boissons appartenant à un débitant, sans bail authentique. (Art. 61, loi du 28 avril 1816.) S. C. A. (1).

(1) Voir n° 38, p. 54, § 3.

Le bail n'est authentique qu'autant qu'il est notarié et enregistré. Il n'est pas valable après le délai pour lequel il est fait.

21° Vaisseaux inférieurs à l'hectolitre. (Art. 58, même loi.) S. C. A.

Avoir égard aux concessions faites par l'administration.

22° Opposition au cachetage des bouteilles. (Même article.) A.

Abandonné. (Circ. 394 et 446.)

Les transvasions en bouteilles peuvent être faites hors la présence des employés.

23° Mise en vente à la fois de plus de trois pièces de chaque espèce de boisson. (Même article.)

Usage aujourd'hui toléré. (Circ. 436.)

24° Vaisseaux de contenance supérieure à cinq hectolitres. (Même article.) S. C. A.

Toléré pour les débitants de crû. Le débit des

eaux-de-vie peut également se faire sur des fûts d'une contenance supérieure.

25° Remplissage hors la présence des employés. (Art. 59, même loi.) S. C. A.

Si le remplissage a lieu sur une pièce mise en vente, cette pièce est saisie dans l'état où elle se trouve ; on tire en produit le manquant reconnu au dernier exercice; on fait décharge du surplus, et, dans ce cas, on reprend la pièce en charge en vertu du procès-verbal; mais si l'on surprend le débiteur au moment où il achève un remplissage sur une pièce reconnue pleine au dernier exercice et trouvée encore pleine au moyen de ce remplissage, c'est la pièce entière qu'il faut saisir.

Une mixtion hors la présence des employés est une contravention.

26° Substitution d'eau ou de tout autre liquide aux boissons prises en charge. (Art. 59, même loi.) A.

La substitution de bouteilles vides à des bouteilles pleines n'est pas une contravention. La substitution d'eau donne lieu à l'amende seulement. La boisson disparue est tirée en produit.

27° Enlèvement sans démarque. (Art. 59, même loi.) A.

28° Enlèvement de pièces pleines sans démarque. (Art. 57, même loi.) A.

La vente en gros ne justifie pas la contravention.

29° Râpés prohibés et remplissage sur ceux autorisés. (Art. 60, même loi.) S. C. A.

30° Vente en détail sans autorisation par un bouilleur pendant la durée de la distillation. (Art. 69, même loi.) S. C. A.

31° Vente au détail par des personnes non comprises dans la répartition, en cas d'abonnement par corporation. (Art. 80, même loi.) S. C. A.

32° Vente par un débitant de crû de boissons autres que celles déclarées. (Art. 85, même loi.) S. C. A.

Ne peuvent fournir aux buveurs que les boissons avec des bancs et tables. On ne peut visiter l'intérieur de leur domicile lorsqu'il est séparé du lieu du débit.

Dans les trois premiers cas, l'amende est de 300 à 1,000 francs (art. 95); pour les autres, elle est de 50 à 300 francs. (Art. 96, loi du 28 avril 1816.)

Marchands en gros.

1° Exercice de la profession de marchand en gros sans déclaration et sans licence. (Art. 97 et 144, loi du 28 avril 1816.) S. C. A.

La mainlevée de la saisie peut être accordée moyennant une consignation de 2,000 francs. Indépendamment de l'amende. Ne sont point considérés comme marchands en gros les particuliers recevant accidentellement des boissons qu'ils partagent, ni les propriétaires récoltants qui achètent des vins pour leur consommation.

2° Continuation du commerce après déclaration de cesser. (Art. 97, loi précitée.) S. C. A.

Ne peuvent cesser tant qu'il leur reste des boissons en quantité supérieure à leur consommation.

Aucune disposition de la loi n'oblige les marchands en gros à faire une déclaration de cesser.

3° Vente habituelle de boissons en détail. (Article 102, même loi.) S. C. A.

Les ventes en petite quantité sont autorisées, mais à l'aide d'expéditions et moyennant acquittement des droits. (Circ. nos 25 du 3 avril 1852, et 301 du 22 mars 1856.)

4° Fausse déclaration des quantités au moment de l'établissement. (Art. 97, même loi.) S. C. A.

Les vinaigriers qui dénaturent les vins avant l'introduction, ou qui acquittent le droit de circulation, rentrent dans la classe de simples particuliers.

5° Introduction sans expédition, avec des expéditions inapplicables, ou refus de représenter les expéditions. (Art. 100, même loi.) S. C. A.

Le creux reconnu d'après les usages du commerce doit être déduit des prises en charge.

Les mélanges et coupages ne peuvent se faire qu'avec des boissons de même nature et espèce. Le mélange d'eau ne peut avoir lieu qu'avec des spiritueux. (V. PP., n° 41, p. 61.)

6° Refus d'exercice. (Art. 106, loi du 28 avril 1816.) A.

On ne peut faire des visites dans l'intérieur des bâtiments qu'avec un commissaire de police, ni exercer les boissons destinées à la consommation, lorsqu'elles sont dans un lieu séparé des magasins. Dans ce cas, les marchands en gros payent les droits comme de simples particuliers. Les exercices des magasins de gros doivent avoir lieu de jour.

7° Préparations d'alcools dénaturés sans déclaration ni licence. (Art. 5, ordonn. du 14 juin 1844.) S. C. A.

Les fabricants ou préparateurs d'alcools dénaturés sont soumis à toutes les obligations imposées aux marchands en gros, quand ils ne font que des mélanges.

Quand ils fabriquent, leur position est assimilée à celle des distillateurs. (Art. 6, ord. précitée.)

Pour les trois premiers cas, l'amende est de 500 francs à 2,000 francs; pour les autres, de 50 à 300 francs ; récidive, 500 francs. (Art. 106, loi du 28 avril 1816.)

Liquoristes.

1° Etablissement sans déclaration d'un simple particulier comme liquoriste débitant. (Art. 50 et 144, loi du 28 avril 1816, et art. 1er, loi du 24 juin 1824.) S. C. A.

D'après l'art. 95 de la loi de 1816, la confiscation

des boissons n'a lieu que jusqu'à concurrence de 1,000 francs (1).

2° Fabrication par un débitant sans déclaration. (Art. 1er, loi du 24 juin 1824.)

3° Exercice par un simple particulier de la profession de liquoriste marchand en gros sans déclaration. (Art. 97 et 144, loi du 28 avril 1816, et 1er, loi du 24 juin 1824.) S. C. A. (V. PP., n° 42, p. 63.)

4° Fabrication de liqueurs par un marchand en gros sans déclaration préalable au bureau de la régie. (Art. 1er, loi du 24 juin 1824.) S. C. A.

5° Dépôt de vins, cidres, poirés, dans les ateliers de la fabrique d'un liquoriste marchand en gros. (Art. 5, même loi.) S. C. A.

On ne doit point saisir ces boissons si elles sont accompagnées d'expéditions.

6° Envoi de liqueurs sans expédition. (Même article.) S. C. A.

7° Enlèvement des fabriques de liqueurs, d'eaux-de-vie et d'esprits en nature, en vaisseaux inférieurs à l'hectolitre. (Art. 9, même loi.) S. C. A.

8° Refus de fournir l'eau et les ouvriers pour reconnaître la contenance des vaisseaux. (Art. 6, loi du 24 juin 1824) A.

9° Usage de vaisseaux dont la contenance n'a pas été vérifiée. (Même article.) A.

L'amende, dans les neuf cas qui précèdent, est de 500 à 2,000 francs. (Art. 10, loi n° 4, du 24 juin 1824.)

10° Altération de la densité des spiritueux par un mélange dont le but serait de frauder les droits. (Art. 4, loi n° 3, du 24 juin 1824.)

D'après le même article, l'amende est de 100 à 600 francs, selon la gravité du cas.

Cette contravention peut se rencontrer ailleurs que chez les liquoristes, et doit tenir constamment en éveil l'attention des employés.

Brasseries (1).

1° Exploitation d'une brasserie sans déclaration préalable et sans licence. (Loi du 28 avril 1816, art. 117 et 144.)

2° Défaut d'enseigne devant une brasserie en activité. (Même loi, art. 124.)

3° Fabrication de bière dans un local non déclaré ou autre que celui déclaré. (Même loi, art. 117.)

4° Fabrication non déclarée de levain de bière, même uniquement pour la panification. (Même loi, art. 117 et 120.)

5° Usage de chaudières, cuves et bacs avant que la contenance en ait été reconnue et constatée par les employés de la régie. (Loi du 28 avril 1816, art. 117.)

(1) Voir n° 43, p. 65.

6° Changement dans la contenance de ces vaisseaux sans déclaration faite vingt-quatre heures d'avance. (Même loi, art. 118.)

7° Remplacement ou établissement de chaudières, cuves ou bacs, non déclaré vingt-quatre heure d'avance. (Même loi, même article.)

8° Usage de chaudières ou vaisseaux dont la contenance aurait été changée et pour lequel on n'aura pas attendu la vérification préalable par les employés. (Même loi, même article.)

9° Usage non autorisé de chaudières d'une contenance inférieure à six hectolitres. (Même loi art. 116.)

10° Usage de chaudières non fixées à demeure e maçonnées. (Même loi, même article.)

11° Suppression et altération des numéros et marques apposés par les employés sur les chaudières cuves ou bacs. (Même loi, art. 117.)

12° Usage, par un brasseur de profession, de tonneaux non empreints de sa marque particulière. (Même loi, art. 124.)

13° Mise de feu sans déclaration sous une ou plusieurs chaudières pour toute opération autre que la fabrication de la bière. (Art. 119, loi du 28 avril 1816.)

14° Mise de feu sans déclaration. (Même loi, art. 120.)

15° Mise de feu anticipée, c'est-à-dire effectuée avant l'heure indiquée par la déclaration. (Même loi, même article.)

16° Mise de feu prolongée après le terme de l'opération pour laquelle il a été permis d'en allumer. (Même loi, même article. — Arr. du 21 prairial an XIII.)

17° Mise de feu sous une chaudière autre que celle qu'aurait indiquée la déclaration. (Même loi, même article.)

18° Défaut de représenter à toute réquisition des employés l'ampliation de la déclaration de mise de feu pendant la durée de la fabrication. (Même loi art. 120.)

19° Anticipation des heures indiquées dans la déclaration pour les trempes de chaque brassin. (Loi du 1er mars 1822, art. 8, sauf le cas où il ne serai pas fabriqué de petite bière.

20° Fabrication de bière d'une qualité différente de celle déclarée. (Loi du 28 avril 1816, art. 120.)

21° Fabrication, avec la même drêche, d'un nombre de brassins plus grand que celui qui aurait été indiqué par la déclaration (Même loi, même art.)

22° Fabrication non déclarée d'une petite bière exempte du droit. (Loi du 28 avril 1816, art. 120.)

23° Fabrication de plusieurs sortes de bières avec le même brassin. (Même loi, art. 113.)

24° Décharge partielle des chaudières pendant la fabrication. (Même loi, art. 113.)

25° Mélange de deux brassins avant l'entonnement. (Même loi, art. 111, n° 43, p. 87, § 6.)

26° Entonnement de la bière pendant la nuit. (Même loi, art. 112.)

27° Entonnement à une heure autre que celle indiquée par la déclaration de mise de feu. (Même loi, art. 120.)

28° Excédant de plus du vingtième de la contenance de la chaudière dans le produit des trempes données pour un brassin. (Même loi, art. 109.)

29° Produit de fabrication excédant la contenance brute de la chaudière. (Même loi, art. 111.)

30° Recelé de bière dans une brasserie. (Même loi, art. 125, n° 43, p. 66, § 7.)

31° Refus de laisser vérifier le produit de la fabrication de chaque brassin. (Même loi, art. 111.)

32° Refus de souffrir les visites et vérifications des employés, et de leur ouvrir, à toute réquisition, les maisons, brasseries, ateliers, entonneries, magasins, caves et celliers y attenant ou enclavés dans la même enceinte. (Même loi, art. 125.)

33° Refus de souffrir les visites pendant la nuit dans les cas où elles sont autorisées. (Même loi, art. 235.)

34° Refus de faire sceller toute communication d'une brasserie avec les maisons voisines autres que celle de l'habitation du brasseur. (Même loi, même art.)

35° Refus de fournir l'eau et les ouvriers nécessaires pour vérifier par empotement la contenance des chaudières et vaisseaux destinés ou servant à la fabrication. (Même loi, art. 117, et loi du 23 avril 1836.)

36° Exploitation d'une brasserie ambulante sans l'autorisation de la régie. (Loi du 28 avril 1816, art. 116.)

37° Accroissement non agréé des moyens de fabrication par un brasseur abonné. (Même loi, art. 133.)

38° Mise de feu par un brasseur abonné non inscrite sur son registre. (Même loi, art. 135.)

L'amende dans tous les cas est de 200 à 600 fr.

« Les bières trouvées en fraude et les chaudières qui ne seraient pas murées, fixées à demeure, sont confisquées. » (Loi du 28 avril 1816, art. 129.)

Distillateurs.

1° Exploitation d'une distillerie sans déclaration ni licence. (Art. 138, 139 et 144, loi du 28 avril 1816.) S. C. A.

2° Usage de vaisseaux avant que leur contenance ait été reconnue. (Art. 117 et 140, même loi.) S. C. A.

3° Changement dans la contenance des vaisseaux

sans déclaration faite vingt-quatre heures d'avance. (Art. 118 et 120, même loi.) S. C. A.

4° Établissement de nouveaux vaisseaux sans déclaration. (Même art.) S. C. A.

5° Mise de feu sans déclaration ou avant l'heure indiquée dans la déclaration. (Art. 139 et 141, loi du 28 avril 1816.) S. C. A.

6° Prolongation du travail et du feu sous les chaudières au delà de la déclaration. (Art. 139 et 141, même loi.)

7° Chargement des cuves de macération à une heure autre que celle indiquée. (Mêmes art.) S. C. A.

8° Recélé d'eau-de-vie. (Art. 138, même loi.) S. C. A.

9° Emploi d'une plus grande quantité de farine que celle indiquée. (Art. 139, loi du 28 avril 1816.) S. C. A.

10° Défaut de représenter l'ampliation de la déclaration. (Même article.) A.

11° Suppression ou altération des numéros et marques apposés sur les vaisseaux. (Art. 117 et 140, même loi.) A.

12° Refus d'exercice. (Art. 123, 138 et 140, même loi.) A.

13° Refus, par les distillateurs de substances farineuses, d'énoncer dans leur déclaration la quantité de matière macérée qu'ils emploieront pendant la durée de la fabrication, ainsi que la quantité d'alcool qui devra en provenir. (Art. 9 de la loi du 20 juillet 1837.) A.

Bouilleurs de profession.

14° Distillation sans déclaration de vins, cidres, poirés, marcs, lies, fruits ou mélasses. (Art. 138 et 141, loi du 28 avril 1816.) S. C. A.

15° Introduction de vins, cidres et poirés sans expédition. (Art. 138, loi du 28 avril 1816.) S. C. A.

16° Recélé d'eau-de-vie. (Art. 138, même loi.)

Sont tenus de déclarer approximativement l quantité et le degré des eaux-de-vie qui doivent êtr fabriquées.

Les directeurs peuvent convenir avec eux d'un base d'évaluation pour la conversion des objet soumis à la distillation ; tout ce qui dépasse la bas fixée doit être saisi s'il y a tentative de le soustrair à la prise en charge. S'il n'y a pas de base, il y recélé pour toute la quantité soustraite à la prise e charge. Si l'excédant provient d'une introduction d boissons sans expédition, on devra déclarer procès-verbal pour contravention à l'art. 100 de la loi d 28 avril 1816, et déclarer la saisie des boissons.

17° Prolongation du travail au delà du nombre de jours indiqués. (Art. 141, loi du 28 avril 1816.) A.

18° Mise en distillation d'une plus grande quantité de matière que celle déclarée. (Art. 141, même loi.) A.

19° Défaut de représenter l'ampliation. (Même art.) A.

20° Refus d'exercice. (Art. 141, même loi.) A.

L'article 8 de la loi du 20 juillet 1837 assujettit les bouilleurs de profession à presque toutes les obligations des distillateurs : déclaration de profession, contenance des chaudières, épalement des vaisseaux, visites des employés, interdiction de toute communication.

21° Refus par les bouilleurs de vins, marcs, fruits, mélasses, d'indiquer dans leur déclaration la force alcoolique du liquide mis en distillation. (Art. 10, loi du 20 juillet 1837.) A.

L'amende est de 200 à 600 fr. (Art. 129 et 143, loi du 28 avril 1816.)

Cartes.

1° Importation de cartes fabriquées à l'étranger. (Art. 5, décr. du 13 fructidor an XIII.) S. C. A.

2° Fabrication sans déclaration, sans licence et

sans autorisation. (Art. 9, arr. du 3 pluviôse an VI, et 166, loi du 28 avril 1816.) C. A.

3° Fabrication de cartes de fraude par un fabricant autorisé dans un local non déclaré. (Art. 12, arr. du 9 floréal an VI.) C. A.

La fabrication des cartes dites d'étrennes est tolérée, pourvu que ces cartes n'aient pas plus de 20 lignes sur 15, et qu'il soit fait usage de papier libre.

4° Fabrication de cartes à figures, à portraits français, sur un papier non filigrané. (Art. 1er, décr. du 19 février 1810.) S. C. A.

5° Fabrication de cartes de points sur du papier non filigrané. (Art. 12, décr. du 1er germinal an XIII.) S. C. A.

6° Fabrication de cartes légales par un fabricant autorisé dans un local autre que celui déclaré. (Art. 12, arr. du 19 floréal an VI.) S. C. A.

7° Défaut de mettre une enveloppe sur chaque jeu, ou emploi de fausses enveloppes. (Art. 4, décr. du 19 février 1810.) S. C. A.

Ces enveloppes doivent indiquer les noms, demeures, enseignes et signatures en forme de griffe des fabricants qui ont dû en déposer une empreinte.

8° Refus de classer les papiers, cartes, destinés à la fabrication. (Art. 3, décr. du 13 fructidor an XIII.) A.

9° Défaut de tenir un registre de vente. (Art. 10, arr. du 3 pluviôse an VI.) A.

10° Contrefaçon ou imitation des moules, timbres et marques, ou l'emploi frauduleux de ces objets. (Art. 2, décr. du 6 juin 1808.) A.—Sans préjudice des autres peines portées au Code pénal.

11° Dépôt ou recélé de moules faux ou contrefaits. (Art. 10, décr. du 19 février 1810.) S. C. A.

12° Dépôt ou recélé de moules à figures chez un fabricant. (Art. 11, décr. du 1er germinal an XIII.) S. C. A.

13° Dépôt, ou recélé chez un particulier, de moules

à imprimer les cartes. (Art. 16, arr. du 19 floréal an VI.) S. C. A.

14° Fabrication de moules propres à imprimer les cartes à portraits français. (Art. 2, décr. du 16 juin 1808.) S. C. A.

S'il y a imitation des moules de la régie, il faut opérer comme au n° 10. Dans le présent cas, et ceux n°s 10, 11, 12, 13, on doit mettre les moules saisis sous le cachet de la régie et celui de la partie.

15° Défaut de déclaration par un graveur pour graver des moules de tarots et autres dont le format, la dimension, diffèrent des cartes usitées en France. (Art. 13, arr. du 19 floréal an VI.) S. C. A.

L'usage des moules à portraits étrangers étant conservé, il n'y a lieu à verbaliser que si le graveur n'a point fait de déclaration.

16° Transport ou circulation de cartes prohibées. (Art. 6, décr. du 16 juin 1808.) S. C. A.

Lorsqu'il s'agit de cartes recoupées ou réassorties, il faut citer en outre l'art. 13 du décret du 16 juin 1808.

17° Dépôt de cartes prohibées chez un assujetti. (Art. 12, arr. du 3 pluviôse an VI et du 19 floréal suivant.) S. C. A.

On ne peut saisir les cartes de fraude chez les débitants de boissons que lorsqu'il en est fait usage dans leurs établissements.

18° Colportage, distribution ou vente sans autorisation. (Art. 166, loi du 28 avril 1816.) C. A.

L'arrestation des contrevenants ne peut avoir lieu que pour la vente des cartes prohibées ; il n'y a que simple contravention pour la vente des cartes légales. Le simple transport de cartes de fausses fabriques, sans bandes, est une contravention à l'art. 166 précité, bien qu'aucune vente ne soit prouvée.

19° Usage de cartes prohibées dans les maisons où le public est admis. (Art. 167, loi du 28 avril 1816.) A. C. Emprisonnement.

20° Recoupe de cartes par les fabricants ou débitants, vente ou entrepôt de cartes recoupées ou réassorties, qu'elles soient sous bandes ou sans bandes. (Art. 10, décr. du 16 juin 1808.) S. C. A.

Il y a lieu de saisir les cartes d'étrennes lorsqu'elles sont trouvées entre les mains de joueurs.

21° Vente par un débitant commissionné de cartes à portraits français, autres que celles fabriquées avec les moules de la régie. (Art. 8, décr. du 16 juin 1808, et art. 2 du décr. du 9 février 1810.) S. C. A.

Les fabricants peuvent débiter, et sont soumis aux mêmes règles que les débitants ordinaires.

22° Vente par un débitant commissionné de cartes à portraits étrangers dépourvues de la légende de France et du nom du fabricant. (Art. 4, décr. du 16 juin 1808.) S. C. A.

23° Vente par un débitant de cartes quelconques dépourvues de bandes de contrôle. (Art. 8, décr. du 13 fructidor an XIII.) S. C. A.

24° Vente de cartes sous bandes et sans bandes, neuves ou ayant servi, par les commis des maisons de jeu, serviteurs, domestiques ou autres particuliers. (Art. 11, arr. du 19 floréal, an VI.) S. C. A.

Les simples particuliers ne sont tenus à aucune justification pour les cartes qu'ils possèdent, à moins de dépôt découvert par suite d'un débit clandestin ou d'un colportage.

25° Achat de cartes par un débitant ailleurs que chez un fabricant commissionné. (Art. 12, arr. du 3 pluviôse an VI.) A.

26° Défaut par un débitant de tenir un registre d'achat et de vente. (Art. 11, même arr.) A.

27° Défaut par les entrepreneurs, directeurs de cafés, clubs et maisons où l'on donne à jouer, de tenir un livre d'achat. (Art. 11, même arrêté.) A.

28° Refus de souffrir les exercices. (Art. 13, arrêté du 3 pluviôse an VI.) A.

Les membres d'une réunion où l'on donne à jouer sont soumis aux visites.

Pour les cas n°s 1, 2, 3, 10 et 13, l'amende est de 1,000 à 3,000 fr.; récidive, 3,000 fr. Il y a, en outre, un mois d'emprisonnement. (Art. 168, loi du 28 avril 1816.) Pour les autres cas, elle est de 1,000 fr. (Décret du 4 prairial an XIII.)

Voitures publiques (1).

1° Mise en circulation de voitures sans déclaration.

(1) Voir n° 44, p. 66, et n° 45, p. 67 et suivantes.

(Art. 117, loi du 25 mars 1817.) S. C. A. Voitures, chevaux, harnais.

En cas de saisie, on doit laisser continuer le voyage, même sous la caution juratoire du conducteur.

On n'est tenu de déclarer que les voitures que l'on met en circulation. Les voitures des convois militaires n'y sont pas assujetties, pas plus que celles des selliers et carrossiers, à moins qu'ils ne les louent à des loueurs de chevaux qui transportent des voyageurs à prix d'argent. Les voitures des maîtres de postes sont exemptes de toutes formalités d'un relais à l'autre.

2° Mise en circulation de voitures sans estampille. (Art. 117, loi du 25 mars 1817.) S. C. A.

3° Circulation sans laissez-passer. (Art. 117, même loi.) S. C. A.

4° Circulation avec un laissez-passer inapplicable. (Art. 116 et 117, même loi.) S. C. A.

5° Circulation avec un laissez-passer périmé. (Art. 115 et 117, même loi.) S. C. A.

6° Refus ou défaut de représenter le laissez-passer. (Art. 117 et 118, loi précitée, et 8 du décret du 14 fructidor an XII.) S. C. A.

7° Déplacement des estampilles sans déclaration pour les appliquer à de nouvelles voitures. (Art. 117, loi du 25 mars 1817.) A.

8° Voies de fait. (Art. 11, décret du 14 fructidor an XII.) .

9° Mise en circulation, pour un service régulier, de voitures déclarées comme partant d'occasion et à volonté. (Art. 115, loi du 25 mars 1817.)

10° Fausse déclaration du nombre et du prix des places. (Art. 116, loi du 25 mars 1817.) A.

Les contraventions concernant le nombre des voyageurs peuvent être constatées partout. Quand ce n'est point aux barrières, haltes ou relais, verbaliser exclusivement pour infraction aux lois et règlements de police. (Voir n° 45, p. 67, § 2.)

11° Défaut, par un entrepreneur d'un service régulier, d'avoir un registre ou d'y porter, jour par jour, les objets qui doivent y être inscrits. (Art. 3, décret du 14 fructidor an XII.) A.

12° Refus de représenter ledit registre. (Art. 4,

loi du 25 mars 1817.) A. Ces registres doivent être représentés à l'instant.

13° Défaut, par le conducteur d'une voiture en service régulier, d'être muni d'une feuille de route et d'y avoir porté les objets qui doivent y être inscrits. (Art. 5, loi du 25 mars 1817.) A.

14° Refus de représenter cette feuille aux employés ou de leur en laisser prendre copie. (Art. 6, même loi.)

15° Refus fait aux employés d'assister au chargement et au déchargement des voitures en service régulier. (Même article.) A.

16° Emploi de faux registres, de fausses feuilles de route ou de faux enregistrements. (Art. 10, loi du 25 mars 1817.) A.

Dans ce cas, les pièces fausses doivent être parafées, *ne varietur*, des saisissants et jointes au procès-verbal qui contiendra la sommation faite à la partie de les parafer, et sa réponse.

17° Défaut par un simple particulier qui transporte des voyageurs à prix d'argent de prendre et de représenter un laissez-passer. (Art. 11, loi du 20 juillet 1837.) S. C. A.

N'est tenu ni à la déclaration, ni à la licence, ni à l'estampille.

L'amende est de 100 à 1,000 fr. Récidive, 500 fr., sans préjudice des condamnations prononcées par la loi du 30 mai 1851, sur la police du roulage et des messageries publiques.

Tabacs.

1° Importation de tabacs fabriqués à l'étranger. (Art. 173, loi du 28 avril 1816.) C. A.

Les tabacs et les moyens de transport doivent être saisis à la requête des douanes. (Voir n° 11, p. 17, § 7.)

2° Plantation de tabacs sans déclaration et sans permission sur un terrain ouvert. (Art. 180, même loi.) A.

3° Plantation sur un terrain clos de murs. (Même article.)

Amende de 1 fr. 50 c. par pied. L'amende est de 50 fr. par cent pieds de tabacs, terrain ouvert, et de 150 fr. si le terrain est clos; elle doit être réglée en proportion du nombre de pieds, au-dessous de cent comme au-dessus. — On ne peut s'introdui dans un lieu clos sans un officier de police.

4° Plantation d'une étendue de terrain ou d'un nombre de pieds de tabacs excédant de plus d'un cinquième la quantité déclarée. (Art. 193, loi du 2 avril 1816.) Amende de 25 c. par pied.

5° Dépôt de tabacs en feuilles chez un particuli non autorisé à planter. (Art. 217, même loi.) S. C. A

6° Dépôt de tabacs en feuilles chez un plante autorisé après l'époque fixée pour la livraison. (Ar 207, même loi.) S. C. A.

7° Même dépôt chez un cultivateur autorisé à plan ter pour l'exportation après l'époque fixée. (Mêm article.) S. C.

Le délai pour l'exportation expire le 1er août d l'année qui suit la récolte. Le préfet détermine l mode de surveillance, de contrôle et de livraison (Art. 188 et 191, même loi.)

8° Circulation de tabacs en feuilles sans expédi tion. (Art. 215, loi du 28 avril 1816.)

La personne convaincue d'avoir fourni les ta

bacs est passible d'une amende de 1,000 fr. (Art. 216, même loi.)

9° Fabrication illicite de tabacs. (Art. 172 et 221, même loi.) S. C. A.

La fabrication des tabacs factices est interdite par la loi du 12 février 1835.

10° Dépôts de tabacs fabriqués, autres que ceux des manufactures royales. (Art. 217, loi du 28 avril 1816.) S. C. A.

Les aubergistes sont responsables des tabacs trouvés chez eux.

11° Dépôts de tabacs fabriqués, même de ceux des manufactures impériales, en quantité au-dessus de 10 kil., s'ils ne sont pas revêtus des marques de la régie. (Même article.) S. C. A.

Dans les lieux où se fait la vente des tabacs de cantine, nul ne peut avoir en provision plus de 3 kil. de cette espèce, lors même qu'ils seraient revêtus des marques et vignettes de la régie. (Art. 5, loi du 24 juillet 1843.)

12° Dépôt de tabac de cantine dans les lieux où la vente n'est pas autorisée. (Art. 219, loi du 28 avril 1816.) S. C. A.

13° Circulation de tabacs fabriqués, soit en quantité de 1 à 10 kil. sans laissez-passer ou sans marque de la régie, soit en quantité au-dessus de 10 ki sans acquit-à-caution, ou de tabac de fraude, quell qu'en soit la quantité. (Art. 215, loi du 28 avril 1816 S. C. A.

14° Transport de tabacs de cantine en quantit supérieure à un kilog., même dans les lignes où l vente en est autorisée, lorsqu'ils ne sont point accompagnés d'une facture ou d'un acquit-à-caution (Art. 2, loi du 23 avril 1840.) S. C. A.

Hors des lignes où ils se vendent, les tabacs d cantine sont considérés comme tabacs de fraude (Art. 215, loi du 28 avril 1816.) S. C. A.

15° Colportage de tabacs, que les colporteur soient surpris ou non à en faire la vente. (Art. 122 loi du 28 avril 1816.) S. C. A. et arrestation. (Voi n° 46, p. 72 et suivantes.)

16° Vente de tabac à domicile sans commissioı de la régie. (Art. 172, même loi.) S. C. A.

En cas de vente de tabac de fraude par les débitants, il faut appliquer l'art. 222, loi de 1816. S. C. Arrestation. Les simples particuliers qui vendent du tabac de la régie ne sont qu'en contravention à l'article 172 de la loi précitée.

17° Addition ou mélange de matières hétérogènes dans les tabacs de la régie par les entreposeurs et débitants. (Art. 227, même loi.) A. et emprisonnement.

On doit lever des échantillons. (Voir n° 28, p. 42.)

18° Dépôt d'ustensiles de fabrication qui ne sont pas sous les scellés de la régie. (Art. 220, même loi.) S. C.

La possession de ces ustensiles suffit pour établir la contravention.

19° Contrebande de tabacs avec attroupement à main armée. (Art. 222, loi de 1816.) S. Arrestation des contrebandiers. (Voir n° 46, p. 72 et suivantes.)

Pour les cas 5, 6, 10, 11 et 12, l'amende est de 10 fr. par kil.; minimum, 100 fr.; maximum, 3,000 fr. (Art. 218, même loi.) Elle est de 100 fr. à 3,000 fr. pour celui n° 9 (art. 221); de 100 à 1,000 fr. pour les art. n°s 8, 13, 14 (art. 216, même loi); de 300 à 1,000pour ceux n°s 15 et 16 (art. 222), et de 300 à

3,000 fr. pour le n° 17. (Art. 125, loi du 25 mars 1817.)

Sels.

1° Exploitation sans déclaration d'une fabrique de sel à la chaudière, de mines de sel, de sources ou de puits d'eau salée. (Art. 51, loi du 24 avril 1806; 5 et 6, loi du 17 juin 1840.) S. C. A.

2° Fabrication après déclaration de cesser. (Art. 6, loi du 17 juin 1840.) S. C. A.

3° Refus d'entourer les puits, galeries, trous de soude et les bancs, ainsi que les bâtiments de l'usine d'une enceinte en bois ou en maçonnerie de 3 mètres d'élévation. (Art. 2 et 4, ord. du 25 juin 1841.) A.

4° Refus d'exercice. (Art. 7, même ordonnance.) A. Les exercices peuvent être faits de nuit comme de jour, pendant toute la durée du travail.

5° Dépôt de sels à l'état solide et concret, à leur sortie des poêles et chaudières, ailleurs que dans les vases désignés d'avance aux employés. (Art. 9, même ord.) S. C. A.

6° Enlèvement sans autorisation des eaux-mères,

chlots, crasse de sels et autres, déchets de fabrication. (Art. 10, même ord.) S. C. A.

7° Extraction d'eau salée des puits ou sources, opérée la nuit ou hors la présence des employés. (Art. 17, même ord.) S. C. A.

8° Enlèvement ou transport d'eaux salées, ou de matières salifères, sans déclaration et sans expédition. (Art. 14 et 16, même ord.)

9° Transport nocturne sans autorisation. (Art. 16, même ord.)

10° Transport avec une expédition inapplicable. (Art. 15, ord. du 26 juin 1841.) S. C. A.

11° Défaut par un dépositaire de sels destinés à l'alimentation des bestiaux de représenter ceux en magasin. (Art. 5, ord. du 26 février 1846.) A.

12° Etablissement sans déclaration d'une fabrique de salpêtre ou de produits chimiques, ou d'une raffinerie de sels. (Art. 11, loi du 17 juin 1840, 20 de l'ord. du 26 juin 1841, et 1er du décret du 19 mars 1852.) S. C. A.

13° Refus d'exercice de la part des fabricants de produits chimiques. (Art. 13, loi du 17 mars 1852.) A.

L'amende est de 500 à 5,000 fr., outre le doubl droit sur le sel pur fabriqué, transporté ou soustra à la surveillance. (Art. 10, loi du 17 juin 1840.)

Poudres à feu.

1° Fabrication de poudre à feu hors des poudrière de l'État. (Art. 24, loi du 13 fructidor an v) S. C. A Saisir les ustensiles.

2° Vente sans commission de la régie. (même Art. S. C. A.

3° Vente de poudre de contrebande par un débi tant commissionné, ou dépôt de la même poudre dan son domicile. (Art. 36, loi du 13 fructidor an v.) S C. A.

4° Dépôt de poudre à feu ordinaire en quantité au-dessus de 2 kil. chez un particulier non autorisé (Art. 2, loi du 24 mai 1834.) S. C. A.

La détention de poudre de mine peut s'élever jusqu'à cinq kilogr. chez les personnes qui ont pris livraison en vertu de certificats délivrés par les maires.

5° Dépôt de poudre de guerre en quelque quantité

et chez quelque particulier que ce soit. (Art. 4, décret du 13 pluviôse an XIII, et 2, loi du 24 mai 1834.) S. C. A.

Exception en faveur des artificiers.

6° Détention par un armateur de plus de 2 kil. de poudre délivrée pour l'exportation. (Art. 11, ord. du 19 juillet 1819.) S. C. A.

7° Transport de poudre en quantité au-dessus de deux kil. sans une expédition de la régie. (Art. 30, loi du 13 fructidor an V, et 2, loi du 24 mai 1834.) S. C. A.

Les moyens de transport sont saisissables. (Voir art. 11, p. 17. § 7.)

8° Colportage. (Art. 25, loi du 25 juin 1841.) S. C. A.

9° Introduction dans l'Empire de poudres étrangères. (Art. 21, loi du 13 fructidor an V.) S. C. A.

Sont considérées comme étrangères les poudres délivrées pour l'exportation et qui sont introduites. (Art. 10, ord. du 19 juillet 1829.)

Les moyens de transport sont saisissables.

Pour les cas de fabrication, de vente, de colportage, l'amende est de 300 à 1,000 fr. outre l'arrestation des délinquants. (Art. 25, loi du 25 jui 1841.)

Dépôt de poudre ordinaire, 100 fr. (Art. 28, loi d 13 fructidor an v) de poudre de guerre, 3,000 fr (Art. 23, même loi, et 4, décret du 23 pluviôse a XIII); transport et introduction, 20 fr. 44 c. pa kil., sauf l'entrée par mer, dans ce cas l'amende es double. (Art. 30, même loi.) Détention par un armateur, 500 fr. (Art. 28, loi du 13 fructidor an v).

Navigation intérieure.

1° Défaut par les conducteurs de bateaux, trains, etc., d'acquitter les droits lors de leur passage devant le bureau. (Art. 12, loi du 9 juillet 1836.) A.

2° Défaut ou refus de représenter les expéditions de la régie, les connaissements ou lettres de voitures. (Art. 16, même loi.) A.

3° Défaut de représenter les procès-verbaux de jaugeage. (Art. 14, ord. du 14 octobre 1836.) A.

4° Enfoncement des bateaux au delà de la ligne de flottaison déterminée par le procès-verbal de jaugeage et par les échelles. (Art. 10, loi du 9 juillet 1836.) A.

5° Enlèvement ou déplacement des échelles. (Ord. du 15 octobre 1836.) A.

6° Insultes et violences envers les employés dans l'exercice de leurs fonctions. (Art. 24, arrêté du 28 prairial an XI.) A.

Dans ce dernier cas, l'amende est de 100 fr. (Art. 24 dudit arrêté.) Elle est de 50 à 200 fr. dans tous les autres cas. (Art. 20, loi du 28 avril 1816.)

Les propriétaires des bateaux sont responsables des contraventions commises par les conducteurs. En cas d'insolvabilité, saisir les bateaux pour garantie de l'amende.

Bacs et Bateaux.

1° Refus de payer les sommes portées au tarif. (Art. 48, loi du 6 frimaire an XII.)

Les employés, dans l'exercice de leurs fonctions, jouissent de l'exemption du droit de passage.

2° Même refus avec injures, menaces, violences et voies de fait. (Art. 48, même loi.)

Dans ce cas, l'amende est de 100 fr. Il y a en

outre un emprisonnement de trois mois au plus (Art. 57, même loi.)

3° Perception d'une rétribution quelconque pa un particulier ayant un bateau, autorisé ou non dans les limites du bac affermé. (Art. 58, même loi. A.

L'amende est d'une valeur équivalente à trois journées de travail pour les n°s 1 et 3.

Octrois.

1° Introduction ou passage devant un bureau de perception d'objets soumis aux droits, sans déclaration préalable, dans les villes où la perception s'opère à l'entrée. (Art. 29 et 28 de l'ordonnance du 9 décembre 1814.) S. C. A.

Les moyens de transport ne sont saisissables, à défaut de caution, que pour garantie de l'amende.

Ceux qui introduisent par escalade des objets soumis aux droits peuvent être arrêtés. (Voir n° 37, p. 51.)

2° Déchargement ou introduction à domicile des objets dans les villes où la perception s'effectue au bureau central, ou au delà des bureaux d'entrée dans les villes où elle a lieu aux portes. (Art. 28 et 34 de l'ordonnance précitée.) S. C. A.

3° Fausse déclaration de la quantité des objets soumis au tarif. (Art. 29 *id.*) S. C. A.

4° Fausse déclaration de l'espèce desdits objets. (Même article.) S. C. A.

5° Présentation, à la sortie, d'objets autres que ceux déclarés au passe-debout, en transit ou en entrepôt, ou en quantité inférieure à celle pour laquelle le certificat de sortie est réclamé. (Art. 28 et 29 de l'ordonnance précitée.) S. C. A.

La fausse déclaration à la sortie produit le même effet que la fausse déclaration à l'entrée; elle doit être punie des mêmes peines. — La saisie n'est que fictive. On prend pour base d'évaluation le prix courant des boissons; on ne saisit les moyens de transport que pour sûreté de l'amende. Il est essentiel de prendre des échantillons cachetés de l'objet en litige. (N° 28, p. 42.)

6° Préparation, fabrication ou récolte dans l'intérieur, sans déclaration préalable, d'objets soumis au tarif. (Art. 36 de l'ord. ci-dessus.) S. C. A.

7° Fausse déclaration des objets préparés, fabriqués ou récoltés dans l'intérieur. (Art. 28 et 36 id.) S. C. A.

8° Enlèvement sans déclaration d'objets admis en entrepôt. (Art. 28 et 29 id.) S. C. A.

9° Substitution dans un entrepôt, d'eau ou de tout autre liquide non sujet aux droits, aux liquides admis en entrepôt. (M. art.) S. fictive, C. A.

Toute déclaration infidèle prive l'entreposeur de l'entrepôt. (Art. 95, décret du 17 mai 1809.)

10° Refus de souffrir la vérification des voitures, caisses, ballots, paniers et généralement toutes enveloppes susceptibles de renfermer des objets soumis aux droits. (Art. 38 de l'ord. précitée.) A.

Le droit de visite est acquis sur toutes les voitures suspendues, sans exception, dans les villes ayant un octroi (Art. 9, loi du 24 mai 1824). Toutefois, les courriers et facteurs du service des postes ne doivent être visités qu'au lieu où s'arrête la voiture.

11° Refus de laisser entrer les préposés de l'octroi par un propriétaire récoltant, nourisseur de bestiaux, boucher, charcutier et autres, soumis aux visites par le règlement. (Art. 36 de l'ord. du 9 décembre 1814.) A.

12° Opposition aux fonctions des employés. (Art. 15, loi du 27 frimaire an VIII.) A.

« L'amende est de 100 à 200 fr. ; elle est de 1,000 fr. quand il y a fraude à l'aide d'une voiture suspendue (Art. 9, loi du 24 mai 1834). Pour le refus de vérification, 50 fr. (Art. 15, loi du 27 frimaire an VIII.)

Lettres de voiture.

Représentation de lettres de voitures non timbrées. (Art. 6 et 7, loi du 11 juin 1842.) A.

Les dispositions du décret du 16 messidor an XIII, qui imposaient aux préposés des octrois et des douanes l'obligation de se faire représenter les lettres de voiture, connaissements, etc., et de constater, dans certains cas, les contraventions aux lois sur le timbre, ont été rendues applicables aux employés des contributions indirectes par la décision ministérielle du 22 mars 1822.

Les lettres de voiture et autres actes non timbrés

qui donnent lieu à un procès-verbal, doivent y êt annexés après avoir été parafés, *ne varietur*, p les employés et le voiturier, à moins de refus, dont il sera fait mention.

On ne peut refuser de délivrer copie de ces pièc soit au porteur, soit aux parties intéressées; ma ces copies doivent être sur papier timbré, aux fra de celui qui les réclame.

Les procès-verbaux, rédigés sur papier timbré et la requête de l'administration de l'enregistremen sont remis au receveur, qui est chargé de poursuivr la condamnation. (V. n° 17, p. 36, § 17.)

« L'amende est de 30 francs. » (Art. 7, loi du 1 juin 1842.)

Police de la Chasse.

D'après l'art. 23 de la loi du 3 mai 1844, les em ployés des contributions indirectes et des octroi sont appelés à rechercher et à constater, dans la li mite de leurs attributious respectives, les délits pre vus par le 1er § de l'art. 4, lequel défend de mettr en vente, de vendre, d'acheter, de transporter et d colporter du gibier pendant le temps où la chasse n'est pas permise.

Le § 2 porte qu'en cas d'infraction à cette disposition, le gibier sera saisi et immédiatement livré à l'établissement de bienfaisance le plus voisin. Les rédacteurs du procès-verbal requerront à cet effet soit une ordonnance du juge de paix, si la saisie a été opérée au chef-lieu de cantón, soit une autorisation du maire, si le juge de paix est absent ou si la saisie a été déclarée dans une commune autre que celle du chef-lieu de canton. (V. Modèle, p. 159.)

La recherche du gibier ne pourra être faite à domicile que chez les aubergistes, chez les marchands de comestibles et dans les lieux ouverts au public; mais les employés ne pourront y procéder que s'ils y sont appelés à exercer leurs fonctions pour une autre cause.

Les débitants abonnés ou rédimés sont affranchis des exercices, mais ils n'en restent pas moins soumis à certaines vérifications, notamment lorsqu'il s'agit de reconnaître les boissons avant la décharge des acquits-à-caution ou de surveiller l'usage des cartes à jouer (Art. 167 de la loi du 28 avril 1816). Toutefois, comme dans ces circonstances les employés ne doivent pas opérer des recherches dans le domici du débitant, ils ne pourront pas non plus se livrer la recherche du gibier, et ce sera seulement dans cas où il s'en offrirait à leurs regards, sans qu'i eussent procédé à des perquisitions, qu'ils seront droit de le saisir.

Ce droit est incontestable toutes les fois que l employés agissent dans l'exercice de leurs fonctio et dans la limite de leurs attributions ; mais ces deu conditions étant essentielles pour valider les procè verbaux qu'ils pourront être dans le cas de rapport pour saisie de gibier chez des débitants abonnés c rédimés, ils devront y mentionner, toujours av précision, l'objet de leur visite. C'est assez dire qu la régie n'entend pas, à l'occasion de la loi nouvelle pour en mieux assurer l'exécution, astreindre le débitants abonnés ou rédimés à des visites ou à de perquisitions plus multipliées que ne l'a exigé jus qu'à présent l'intérêt de la perception sur les bois sons.

Recommandation est faite aux employés de s'as surer, lorsqu'ils assistent au chargement ou au dé chargement des voitures publiques, ou qu'ils le vérifieront aux relais ou aux entrées des villes, s' ne s'y trouve pas du gibier en temps prohibé. Ils devront également saisir celui que, dans le cours ordinaire de leur surveillance, ils verraient transporter (toujours en temps prohibé), mais seulement si le transport a lieu à découvert et si le délit vient à leur connaissance sans qu'ils aient à fouiller ou à visiter les personnes.

Quant aux employés des octrois, leur action est clairement déterminée.

Leurs fonctions ayant principalement pour objet de veiller à ce qu'on n'introduise pas frauduleusement dans les lieux sujets des marchandises comprises au tarif de l'octroi, ils n'auront qu'à saisir le gibier, lorsqu'ils en découvriront dans leurs vérifications à l'entrée des villes.

Les procès-verbaux de l'espèce sont dressés sur papier non timbré. (Circ. 300 du 25 juin 1844.)

(V. pour l'affirmation nº 17, p. 36, § 18.)

(V. pour l'enregistrement, nº 18, p. 38, § 3.)

(V. Modèle, p. 158.)

TROISIÈME PARTIE.

MODÈLES D'ACTES.

Procès-verbal pour transport de boissons sans expédition.

I

L'an mil huit cent cinquante-sept, le premier août, à la requête du directeur général des douanes et des contributions indirectes, dont le bureau central est à Paris, rue de Rivoli, hôtel du ministère des finances (1), poursuites et diligences de M. ...., directeur à....., département d....., demeurant à......, rue......, n°..., lequel élit domicile chez

(1) Dans le cas de saisie commune, on mettra après le mot finances : et de M. le maire de la commune de ...... y demeurant, rue ...... n° ......, puis l'on continuera par : poursuites et diligences de M. ...... Directeur à ......, etc.

M....., receveur principal des contributions indirectes, demeurant à....., rue....., n°..., nous soussignés.........., les deux, employés des contributions indirectes à la résidence de......, y demeurant, ayant serment en justice et porteurs de nos commissions, certifions qu'étant en surveillance hier, à deux heures après midi, sur la route de...., au lieu dit....., nous avons rencontré un char attelé d'une paire de bœufs et conduit par le sieur ....., de nous bien connu, se dirigeant vers....., nous nous sommes approchés, et apercevant sur ledit char un baril à demi caché sous de la paille, nous avons fait connaître nos qualités au sieur....., et lui avons demandé s'il transportait des boissons soumises aux droits. Il nous a répondu que ledit baril était plein de vin, qu'il destinait à la vente à la foire de.....; procédant alors à la vérification dudit baril, par dégustation et jaugeage, nous avons reconnu et fait reconnaître au sieur...., qu'il contenait quatre-vingt-quinze litres de vin rouge de bonne qualité. Sommé, le sieur....., de nous représenter l'expédition de la régie qui devait légitimer le transport dudit baril de vin, il a déclaré n'en point avoir. Vu la contravention du sieur..... aux articles 1 et 6 de la loi du 28 avril 1816, nous lui avons déclaré procès-verbal, et la saisie dudit baril plein de vin ainsi que des moyens de transport consistant en un char à quatre roues, une paire de bœufs et un joug, la saisie de ces derniers objets n'ayant lieu seulement que pour garantie de l'amende. Avons estimé de gré à gré avec le sieur... le baril et le vin à la somme de quarante francs, et les moyens de transport susdésignés à celle de trois cents francs, et lui avons offert la mainlevée de toute la saisie moyennant caution solvable ou consignation de la somme de quarante francs, valeur du vin saisi, et de celle de six cents francs, maximum de l'amende encourue (1). Le sieur..... nous a dit qu'il ne pouvait tout de suite disposer de ces sommes, et s'étant lui-même offert pour sa caution, et sa solvabilité nous étant connue, nous avons laissé à sa charge et garde les objets saisis pour les représenter, ou la valeur, à toute réquisition de justice, et lui avons fait délivrer au bureau de....., pour continuer le transport dudit baril de vin, un acquit-à-caution dont le bulletin est ci-joint. Ne pouvant nous livrer à la rédaction du procès-

(1) Voir n° 11, p. 24, § 4.

verbal sur le lieu et à l'instant même, notre service un jour de foire, nous appelant ailleurs, nous avons fait connaître au sieur..... qu'elle aurait lieu ce jourd'hui deux août, à dix heures du matin, dans le bureau de l'un de nous, le receveur, à...., rue.... n°..., et l'avons sommé de s'y trouver pour assister à la rédaction du procès-verbal, y faire insérer ses dires, le signer et en recevoir copie. Il a répondu qu'il s'y trouverait. Rendus ledit jour à l'heure indiquée audit bureau, nous y avons, en présence du sieur....., rédigé ledit procès-verbal, lui en avons donné lecture et copie, en l'invitant à le signer, ce qu'il a promis de faire. Clos le présent procès-verbal les jour, mois et an qu'il est dit en tête, à onze heures du matin. Avons signé avec le sieur.....

II

Le protocole des procès-verbaux en matière d'octroi est ainsi conçu :

1° Lorsque l'octroi est en régie simple :

L'an mil huit cent cinquante-sept, le....., à... heure... du....., à la requête de M. le maire de la

commune de....., y demeurant, rue....., n°...,
poursuites et diligences de M....... préposé en chef de l'octroi, demeurant en ladite ville, rue....., n°..., où il fait élection de domicile pour la suite du présent, je soussigné...., (receveur ou employé) de l'octroi de ladite ville, y demeurant, ayant serment en justice et porteur de ma commission, certifie, etc.

2° Lorsque l'octroi est en régie intéressée ou en ferme :

L'an mil huit cent cinquante-sept, le....., à... heure... du....., à la requête de M. le maire de la ville de....., y demeurant, rue..., n°..., poursuites et diligences de M. ....., (régisseur ou fermier) de l'octroi, demeurant aussi en ladite ville, rue....., n°..., et qui fait élection de domicile pour la suite du présent, en sa demeure susdite, etc.

III

Acte de mise en fourrière.

Et de suite, lesdits jour, mois et an, à .... heure du ....., nous soussignés (au moins deux saisissants) dénommés et qualifiés au procès-verbal ci-dessus, même requête, avons conduit (accompagnés ou en l'absence du sieur.....) les..... saisis et etenus comme il est expliqué audit procès-verbal, chez le sieur.... aubergiste à...., et parlant à...., nous lui avons déclaré que nous laissions à sa charge et garde lesdits....., évalués à.....; il a consenti à s'en charger comme dépositaire de justice avec promesse de les loger, nourrir et entretenir selon l'usage, et ce, moyennant la somme de..... pour chaque jour, prix ordinaire et débattu entre nous; il a promis, en outre, de ne livrer lesdits..... qu'à notre réquisition ou consentement, ou sur l'ordre de M. le directeur à....., ou en vertu de jugement; en foi de quoi nous avons signé, après lecture, avec ledit sieur....., auquel nous avons remis un double du présent.

Nota. Cet acte doit être rédigé sur papier timbré, lorsqu'il ne fait point partie du procès-verbal.

IV

Acte de cautionnement des moyens de transport saisis pour garantie de l'amende, lorsque mainlevée en est accordée après la clôture du procès-verbal.

Cejourd'hui..... , s'est présenté à nous..... le sieur....., lequel a dit que, par suite du procès-verbal du..... il a été procédé à la saisie de....., qui ont été mis en fourrière chez le sieur...., pour sûreté de l'amende réclamée par l'administration des contributions indirectes, pour le fait de la contravention à la loi du..... arguée par ledit procès-verbal. Il offre, pour obtenir la remise des objets saisis, de fournir caution solvable du maximum de l'amende réclamée et de payer, en outre, au sieur...., aubergiste, les frais de fourrière tels qu'ils ont été réglés avec lui, et ce avant la reprise desdits....., et de fait, ledit comparant nous a présenté pour caution le sieur....., de nous bien connu, lequel, ici présent, s'est rendu et constitué caution dudit sieur....., et s'est obligé solidairement avec lui, et sous la même peine, au payement de la somme de.... formant le maximum de l'amende encourue par ledit sieur....., pour les causes énoncées au procès-verbal susdaté, et, au moyen de la soumission du sieur..... et du payement fait par ledit..... directement au sieur..... des frais de fourrière dus jusqu'à ce jour, nous avons à l'instant fait remettre et livrer audit sieur....., qui le reconnaît, et en décharge (le dépositaire) et tous autres qu'il appartiendra, lesdits.....

De tout quoi nous avons dressé le présent en notre bureau..... de....., lesdits jour et an, et avons signé avec lesdits sieurs....., après lecture à eux faite.

Nota. Cet acte doit être dressé sur papier-timbré et enregistré dans les quatre jours.

V

Acte de transport pour opérer le dépôt des objets saisis.

Et de suite, lesdits jour et au, à.... heure du.... nous (au moins deux des employés rédacteurs), dénommés et qualifiés au procès-verbal ci-dessus, même requête, avons fait charger les....., saisis par ledit procès-verbal, et les avons accompagnés et fait conduire à..... où étant, et parlant à....., nous lui avons déclaré (en présence ou en l'absence du prévenu), que nous allions mettre en dépôt, à sa charge et garde, les..... saisis par le susdit procès-verbal. Ledit sieur..... ayant reconnu l'état des....., a consenti à en demeurer gardien, et a promis de les représenter à toute réquisition de justice; en foi de quoi il a signé avec nous.

VI

Réquisitoire.

Nous soussignés....., employés des contributions indirectes, à la résidence de....., en vertu de l'art. 237 de la loi du 28 avril 1816, requérons M.... (commissaire de police, maire, adjoint ou juge de paix) de nous assister dans la visite que nous nous proposons de faire chez M....., d'après l'ordre qui nous en a été donné par M..... (directeur ou contrôleur) que nous avons exhibé.

A....., le.....

VII

Réquisition aux autorités civiles et militaires et à la force armée.

Nous, soussignés....., employés des contribution

indirectes, à la résidence de.... requérons M...., (les autorités civiles désignées dans le réquisitoire précédent), les commandants de place ou le chef d'un poste militaire), en vertu de l'art. 245 de la loi du 28 avril 1816, de nous prêter aide et assistance pour l'exercice de nos fonctions.

Fait à....., le.....

VIII

Acte de notification d'un procès-verbal.

L'an mil huit cent....., le....., à....., heure de....., nous....., dénommés et qualifiés au procès-verbal ci-dessus, même requête, nous étant transportés au domicile dudit....., situé à...., rue...., n°....., et parlant à....., nous lui avons signifié le susdit procès-verbal, lui en avons laissé copie, ainsi que du présent et avons signé.

IX

Acte d'affiche d'un procès-verbal.

L'an mil huit cent....., le....., à....., heure

de....., nous....., dénommés et qualifiés au procès-verbal ci-dessus, même requête, certifions qu'attendu l'absence du sieur....., que nous avons vainement cherché pour lui délivrer copie dudit procès-verbal, nous nous sommes transportés à la porte de la mairie de..... (du lieu où la contravention a été constatée), où étant, nous avons affiché copie dudit procès-verbal et du présent exploit; et avons signé.

X

Acte d'affirmation.

L'an mil huit cent....., le.....; à....., heure du....., devant nous (nom, qualités et domicile du juge de paix) se sont présentés les sieurs......, employés, dénommés et qualifiés au procès-verbal ci-dessus, lesquels, après qu'il leur a été donné lecture dudit procès-verbal, l'ont affirmé sincère et véritable en tout son contenu, et ont signé avec nous le présent acte.

XI

Modèle de procès-verbal joint à la circulai n° 300, du 25 juin 1844 (police de l chasse), à consulter dans le cas d'injure contre les employés et d'infraction à la l sur la police du roulage.

L'an mil huit cent....., à la requête de M. le pr cureur impérial de l'arrondissement de....., no soussignés....... des contributions indirectes, à l résidence de....., y demeurant, ayant serment e justice et porteurs de nos commissions (agissant e vertu de l'art. 23 de la loi du 3 mai 1844, certifion que......... Nous avons en conséquence déclar audit....., en vertu de l'art. 4 de la loi précité procès-verbal de saisie de..... (désigner l'espèc de gibier et le nombre), et nous étant immédiate ment rendus chez M....., l'un de nous (ou au bu reau.....), nous y avons rédigé le procès-verba pour être remis à M. le procureur impérial. (Voi page 140.)

XII

Modèle de requête tendant à faire livrer le gibier saisi à l'établissement de bienfaisance le plus voisin.

A Monsieur le juge de paix du canton de..... ou à Monsieur le maire de la commune de.....

Nous soussignés..... des contributions indirectes, à la résidence de.....,agissant en vertu de l'art. 23 de la loi du 3 mai 1844, requérons qu'il vous plaise (ordonner, si la requête est adressée au juge de paix, autoriser, si elle est adressée au maire) que le gibier saisi sur le sieur....., pour contravention à l'art. 4 de la même loi, par procès-verbal du....., dont nous sommes porteurs et dont nous vous ferons la présentation, lequel gibier consiste en (indiquer ici l'espèce de gibier et le nombre), soit, en exécution dudit article 4, livré à l'établissement de bienfaisance que vous désignerez comme le plus voisin.

A....., le.......

XIII

Assignation.

L'an (comme au n° 1), nous soussignés... avons donné assignation au sieur....., demeur à....., en son domicile, où nous nous somm transportés, parlant à....., à comparaître en person à la première audience du tribunal..... de... jugeant en matière correctionnelle, trois jours fran après la date du présent, et en tant que de besoir toutes les audiences suivantes, jusqu'à jugement d finitif, pour répondre sur et aux fins du procès-ve bal rapporté le....., dûment affirmé et enregistr voir prononcer la confiscation de....., et se vo en outre condamner à..... d'amende, en conformi de l'article....., et aux dépens, sans préjudice d peines qui pourraient être encourues en raison toutes autres contraventions résultant, soit du pr cès-verbal, soit de l'instruction de la procédure, a payement de tout quoi il pourra être contraint, pa toutes voies de droit, même par corps, et avons à cet effet, parlant comme dessus, laissé audit...... copie du présent, avec déclaration de M....., avoué près ledit tribunal, qui occupera pour la régie, et avons signé.

XIV

Procès-verbal pour défaut de timbre sur une lettre de voiture.

L'an mil huit cent cinquante-sept, le....., à... heure... du....., à la requete de M. le directeur général de l'administration de l'enregistrement, dont le bureau central est à Paris, rue Castiglione, hôtel des finances, poursuites et diligences de M....., directeur de ladite administration, à....., rue....., n°..., où il fait élection de domicile pour la suite du présent, nous soussignés, employés (des contributions indirectes, des douanes ou de l'octroi), résidant à......, assermentés en justice et porteurs de nos commissions, certifions que cejourd'hui, à.....

heure... du....., s'est présenté à....., où nous étions de service (ou avons rencontré), un voiturier conduisant....., lequel, sur la sommation que nous lui avons faite de nous exhiber les lettres de voiture dont il pouvait être porteur, nous en a représenté une datée de....., le....., adressée au sieur....., à....., portant expédition de...... et signée par .....; ayant reconnu qu'elle n'était revêtue d'aucun timbre, nous l'avons fait remarquer audit voiturier, qui a dit se nommer......., et demeurer à....... Nous l'avons prévenu que nous allions rapporter procès-verbal contre lui et contre le sieur....., susdénommé, souscripteur de ladite lettre, pour contravention aux art. 6 et 7 de la loi du 11 juin 1842, et sans désemparer avons rapporté le présent procès-verbal, auquel nous avons annexé ladite lettre de voiture non timbrée, que nous avons paraphée, *ne varietur*, ainsi que le voiturier. Fait et clos à..... heure..., les jour, mois et an que dessus, en avons remis copie au sieur....., qui a signé avec nous.

Acte de prise en charge de boissons saisies par suite de procès-verbal.

Nous, employés soussignés, certifions avoir pris en charge, folio 20 de notre portatif, n° 53 A du 2e trimestre, 2e section, au compte du sieur François, débitant de boissons à....., la quantité de trois cent dix litres de vin rouge, saisis par procès-verbal de ce jour.

Fait à....., le .....

Signatures (deux employés).

Certificat d'adirement d'un acquit-à-caution après décharge.

Nous, employés soussignés, certifions que l'acquit-à-caution n°..., du bureau de....., arrondissement de....., département de....., en date du....., délivré à M....., entrepositaire à....., à la destination de M......, débitant à......, a été adiré par nous après avoir été pris en charge, f°... du portat de détail de la... section, ...tournée, et décharg le....., n°... du registre n° 49, pour la quantit de..... y énoncée.

A....., le......

(Signatures.)

Procuration.

Je soussigné..... à la résidence de....., arron dissement de......, département de......, donn pouvoir à M...... de, pour moi et en mon nom recevoir les sommes et émoluments de toute espèc attribués à mon emploi, qui peuvent ou pourron être dus par la régie des contributions indirectes, e de donner les quittances et émargements nécessaires promettant d'avoir pour bon et agréable ce qui sera fait par mon procureur fondé susnommé.

Fait à......, le.......

TABLE SOMMAIRE

DES MATIÈRES.

TABLE SOMMAIRE

DES MATIÈRES

OBSERVATION

Lorsque la question que l'on voudra éclaircir ne se trouvera point formulée à la table qui précède, on devra se reporter à la lettre T de cette même table, puis se rendre au tableau de contraventions de l'espèce, à la deuxième partie, et, s'il y a lieu, consulter les articles des autres parties désignés par des renvois.

www.ingramcontent.com/pod-product-compliance
Ingram Content Group UK Ltd.
Pitfield, Milton Keynes, MK11 3LW, UK
UKHW021121220726
13924UKWH00004B/1836